BUDA

por Roberto Mares

Grupo Editorial Tomo, S.A. de C.V.
Nicolás San Juan 1043
03100 México, D.F.

1a. edición, febrero 2002.
2a. edición, junio 2003.

© Grupo Editorial Tomo, S.A. de C.V.
 Buda

© 2003, Grupo Editorial Tomo, S. A. de C. V.
 Nicolás San Juan 1043, Col. Del Valle
 03100 México, D. F.
 Tels. 5575-6615, 5575-8701 y 5575-0186
 Fax. 5575-6695
 http://www.grupotomo.com.mx
 ISBN: 970-666-477-7
 Miembro de la Cámara Nacional
 de la Industria Editorial No. 2961

Proyecto: Roberto Mares
Diseño de Portada: Emigdio Guevara
Formación Tipográfica: Servicios Editoriales Aguirre, S.C.
Supervisor de producción: Leonardo Figueroa

Impreso en México - *Printed in Mexico*

Contenido

Prólogo   7

1. El nacimiento   11

2. La vida palaciega   19

3. Tres momentos de dolor, y una revelación
   venturosa.   21

4. El llamado de la vocación   27

5. El príncipe mendicante   31

6. El surgimiento del Bodhisattva   37

7. Los caminos del pensamiento   43

8. El sabio penitente.   49

9. El advenimiento del Tathágatha   55

10. El visitante de siempre   59

11. El amanecer del Dharma   61

12. El despertar.   69

13. El nacimiento del *reino de la luz*   75

14. La expansión del Dharma   95

15. El último tramo de un largo viaje   101

16. Un camino para todos.   105

17. Las facetas del Dharma   109

Prólogo

En la historia de la humanidad se ha venido acumulando un conjunto de valores, ideas, técnicas y toda clase de conocimientos que conforman lo que llamamos cultura y civilización. Todo esto ha sido creado por hombres y mujeres excepcionales, muchas veces ampliamente reconocidos y honrados por la sociedad, y otras muchas sometidos a la oscuridad y el olvido.

Si se hiciera un catálogo de todos aquellos que han aportado algo a la cultura, y no se omitiera a nadie, seguramente ahí estarían nuestros padres, nuestros abuelos, bisabuelos y así para atrás, hasta llegar al primer hombre que ideó el procedimiento de golpear dos piedras para sacar una chispa y encender el fuego que calienta, cuece e ilumina. Si en ese catálogo no se incluyera solamente a personas fallecidas, ahí estaríamos nosotros también, pues si rascamos un poco en nuestra biografía, nos daremos cuenta de que nuestro hacer y pensar ha producido algún cambio en este mundo, tal vez algo pequeñito y doméstico, aparentemente insignificante, pero sin duda digno de ser registrado y evaluado en ese hipotético, enorme y minucioso catálogo de quienes han influido en el progreso de la cultura humana.

Se necesitaría una computadora tan grande como el mundo para registrar lo que cada quien ha hecho en el mismo mundo. Con una más chica se haría la crónica de lo que mucha gente importante ha producido en cualquier campo de la cultura. En una computadora casera podríamos meter y procesar los datos de todos aquellos personajes de la humanidad que han sido grandes civilizadores.

Pero hay algunos, muy pocos, que han ido más allá de la ciencia, del arte, de la técnica o de la filosofía y han abierto un agujero en el caparazón de la conciencia humana por el que se vislumbra una luz muy clara y se respira un aire tan puro que produce una conmoción profunda del ser en soledad, y de la manera de ser en comunidad.

No se necesita una computadora para ubicar los personajes de esta índole, pues basta con los dedos de una mano; con uno de esos dedos, sin duda, señalaríamos a Siddhartha Gautama, a quien llamaron *Buda*, que significa "iluminado", aunque estoy seguro de que él preferiría que se le llamara "el despierto", pues de iluminados están llenos los asilos de alienados y las sectas que se difunden por Internet.

El Buda es uno de esos seres que son más que humanos, y no por las características sobrenaturales que normalmente se les atribuyen, sino porque se insertan como poderosas imágenes en la mente personal y colectiva, adquiriendo la categoría de *arquetipos*, que son esas figuras que habitan en el subsuelo de la conciencia humana y siguen existiendo de manera virtual, aunque ya no pertenezcan al mundo de la carne y el hueso; pero desde su virtualidad ejercen una influencia real y efectiva en mucho de lo que pensamos, decimos o hacemos, aunque nosotros no lo queramos, o siquiera sepamos que se encuentran vigentes en nuestra intimidad.

Esto no es algo metafísico o sobrenatural, sino el efecto de una necesidad de darle forma a motivos profundos que no son del todo reconocibles y manejables por nosotros, mientras no tengan una figura, una historia, un nombre y hasta un apellido.

Siddhartha Gautama, el Buda, es un personaje arquetípico y está dentro de nosotros, porque su extraordinaria personalidad simboliza, significa o representa lo que todos quisiéramos llegar a ser: plenos, totalmente despiertos… y felices.

Siddhartha no es un dios, es nuestro hermano; su presencia en algún lugar de nuestra alma representa un afortunado descubrimiento que no puede producir sino alegría, tranquilidad, seguridad; es como la sensación de tener un compañero sublime, que sabe mucho más que nosotros y es capaz de ayudarnos con amoroso respeto, pues no es función suya el calificar nuestros pensamientos y actitudes, sino el orientar nuestros pasos por ese camino tan escabroso que conduce a la libertad.

El Buda que se presenta en estas páginas es fundamentalmente humano, pues esa es la esencia de su vida y su doctrina; pero también es un ser arquetípico y filosófico, porque su vida trasciende lo histórico-anecdótico; y también va más allá de la ingenuidad del mito y la leyenda, como se podrá sentir en la lectura de este libro.

En la biografía de personajes extraordinarios, como es el caso de Siddhartha, se percibe un fenómeno que es en sí mismo fuera de lo común, pues sucede que la vida y la obra son perfectamente coincidentes, como si el camino hubiese sido trazado previamente y el personaje lo recorriera con el íntimo conocimiento de su propio destino. La vida de Siddhartha y su pensamiento son la misma cosa, no se puede establecer un deslinde entre lo personal y doméstico respecto de lo filosófico porque entonces no se entiende lo uno ni lo otro; el budismo está implícito en la biografía de Siddhartha como un *karma* ineludible, pero en su caso felizmente ineludible.

Seguramente este libro también es *karmático* para quien lo escribió, para quien lo editó y para quien se lo encontró en el camino y tomó la decisión de leerlo. No queda entonces más que hacer sino aceptar el destino y disfrutar de este afortunado encuentro con Siddhartha Gautama, el Buda.

Roberto Mares

1

El nacimiento

Entre los años 563 y 560 de nuestra era, existía un palacio en el bosque de *Lumbini*, cerca de la ciudad de *Kapilavastu*, que actualmente se encuentra en territorio

Estos son los restos del antiguo palacio donde habitara Siddharta en Kapilavastu.

de Nepal. En ese palacio habitaba un monarca llamado *Suddhoana,* cuyo nombre significa "arroz puro", y que gobernaba sobre el clan de los *Shakia,* un grupo étnico que habitaba en esa región desde muchos siglos atrás, y que se caracterizaba por una elevada cultura, a pesar de que su origen era guerrero, lo que denota el significado de su nombre, pues Shakya significa "poderoso". El rey Suddhoana pertenecía a la noble estirpe de los *Okkakas* y descendía directamente de la familia de los *Gautama,* que en esa época reinaba en el territorio.

La esposa de Suddhoana era una mujer joven y muy bella llamada *Maya-Devi,* cuyo nombre combina la materia terrenal (*maya*) con la pureza celestial (*devi*). La tradición popular atribuye a Maya-Devi la característica de la pureza virginal y una concepción "sublime" (sin contacto sexual), lo que resulta particularmente interesante para nosotros, en Occidente; sobre todo si consideramos que esta historia se generó por lo menos cinco siglos antes del nacimiento de Jesús, el Cristo. Es digno de señalarse que éste es sólo uno de los paralelismos que podemos encontrar entre las vidas del Cristo y el Buda, tanto en la interpretación mítica, como en la filosófica, o incluso histórica; lo que se reforzará a lo largo de este libro, comenzando por la siguiente anécdota:

Antes de que Maya se sintiera preñada, tuvo un sueño en el que un elefante blanco y muy grande (sagrado en su cultura y símbolo de sabiduría) tocó el costado de ella con su trompa (en otros textos se dice que la penetró con su trompa), y sin palabras le hizo saber que ella sería la madre de un *avatar*, o sea de un hombre extraordinario, mediador entre el cielo y la tierra; y que este hijo suyo tendría tal importancia que después de él todo cambiaría para la humanidad.

Un día, en el que Maya se sentía particularmente feliz, fue a dar un paseo por el bosque de Lumbini, llevada a cuestas en palanquín y acompañada por su séquito; pero

Maya, la madre de Siddharta, sueña con un elefante blanco que le atraviesa el costado dejándola encinta. Grabado en piedra, Museo Central de Lahore.

al llegar a un claro en el bosque, ella sintió que se acercaba el momento de dar a luz, por lo que bajó del palanquín y se recostó sobre un seto de flores, bajo un árbol gigante que se conoce con el nombre de *Sala*. Sus acompañantes colocaron un lienzo en torno suyo, a modo de cortina, y se retiraron, para permitir que el trabajo de parto se realizara en soledad. Se cuenta que, al comenzar los agudos dolores, se hicieron presentes cuatro ángeles que provenían del reino celestial de *Brahma* y se abocaron a propiciar el alumbramiento, hasta que recibieron al niño sobre una manta dorada. Se dice que el niño, al surgir al mundo y tomar aire por primera vez, volvió la mirada hacia los cuatro puntos car-

13

dinales, expresando con ello que la luz de la que él era portador cubriría al mundo entero… en ese momento:

Las nubes del cielo se disolvieron
para que nada obstaculizara el paso de la luz.
Las aguas de los riachuelos,
antes sucias y oscuras,
se clarificaron hasta volverse transparentes
como el cristal.
Se escuchaba el canto de los ángeles,
que hablaba de una felicidad
que superaba el egoísmo;
pues todo lo creado,
que antes era un océano de sufrimiento,
ahora quedaría redimido del dolor.

Sin embargo, había un ser que no estaba muy contento con este nacimiento, y era *Mara*, un personaje que simboliza la maldad en las antiguas tradiciones hinduistas y posteriormente también en el budismo; aunque no se trata de un demonio impresionante y poderoso como el occidental, sino que es la figura negra y pequeña de un diablillo que da la impresión de estar siempre molesto, frustrado porque nada le sale bien. Seguramente, el nacimiento de este niño fue algo verdaderamente traumático para él; sin embargo, la figura de Mara revive en la propia tradición búdica, especialmente en la corriente *Tántrica*, que se caracteriza por una tendencia a la interpretación mágica de la realidad y un gran ritualismo. En esta perspectiva, Mara simboliza la parte oscura de todas las cosas, y sobre todo "la sombra" que existe en la mente humana. Para el budismo filosófico, el mal no es una entidad, y mucho menos un demonio, sino el error que procede de la ignorancia y el sufrimiento que de ahí se genera; así que el mal no existe como una fuerza real, sino que es una ilusión, un espejismo, producto de las vivencias que se tienen en un estado de conciencia inferior.

Así que Mara tenía mucha razón en estar enojado, pues aquel niño no venía a luchar en contra suya, sino a demostrar su inexistencia y a borrarlo de la mente humana, y eso no hay diablo que lo soporte.

Orgulloso por el nacimiento de su heredero, Suddhoana dio la noticia por todo su territorio y más allá, por lo que se presentaron los príncipes de las regiones vecinas para rendir homenaje al recién nacido, y también los "reyes *Naga*" (reyes-serpiente: personajes de alta investidura religiosa en la tradición popular: "magos" o "chamanes"); ellos ofrendaron al niño flores de *mandara*, lo que en esa cultura significaba que se le reconocía como un *Bodhisattva*; esto es, alguien cuya esencia (*sattva*) encierra la voluntad de alcanzar la iluminación o "completo despertar" (*bodhi*), por lo que se le identificaba como un futuro Buda.

Este grabado nos muestra el nacimiento de Siddharta. Grabado en piedra verde, Museo Nacional de Karachi.

Este pasaje nos indica que el concepto de "iluminación" era ya manejado en la cultura brahamánica, en la que se reconocía la existencia de antiguos budas; aunque muchos de ellos son figuras míticas o deidades que no tienen presencia histórica; otros pudieron haber sido personas reales, pero no podría definirse en qué consistía su iluminación, pues sólo en el budismo propiamente dicho se desarrolla un modelo de exposición de lo que significa esa experiencia para un ser humano.

Así que, antes de tener un nombre personal, el niño es llamado con el epíteto de "Bodhisattva", lo que significa que es alguien que se encuentra en el camino de ser Buda; esta es una de las maneras como se le menciona frecuentemente en la literatura budista, pero siempre antes de la experiencia trascendental que lo llevó a la realización de su potencial: la iluminación, después de este evento, el único nombre que se le da es el de Buda.

El reconocimiento del niño como un futuro Buda fue una verdadera conmoción para toda la comunidad palaciega, por lo que los padres, llenos de inquietud, decidieron consultar a un Brahmán de alta jerarquía, quien hacía vida ascética en el propio bosque de Lumbini y que poseía dotes de visionario. Este personaje, llamado *Asita*, se conmovió hasta las lágrimas en presencia del niño, y su predicción respecto del recién nacido fue impresionante, pues no solamente sería un Buda, sino el más importante de todos los que habían existido:

Yo no me inclino ante Brahma –dijo Asita–, pero me inclino ante este niño, y los dioses harán lo mismo que yo, descenderán de sus pedestales para adorarlo… La fuerza espiritual que procede de este niño cubrirá al mundo entero con un hálito de libertad… La pureza de sus enseñanzas será como un puerto seguro para las embarcaciones a la deriva. El poder de su meditación será como un lago fresco, donde cualquier sediento podrá beber… El rey debe sentirse pleno y feliz como la luna cuando está completa en el firmamento, pues ha tenido un hijo de extraordinaria nobleza.

Las palabras de Asita disiparon cualquier duda o mancha de escepticismo que hubiese en los padres y sus cortesanos, por lo que la ansiedad se convirtió en una feliz aceptación por parte de todos. Fue en ese momento de entusiasmo y alegría que el niño fue llamado *Siddhartha*, lo que significa "el que posee un don superior" (*siddhi* : poder o don supranormal).

Ese mismo día, la madre, Maya, habló con su hermana *Pajapati*, quien también vivía en el palacio, y le dijo que ella tenía la seguridad de que una mujer que había sido madre de un Avatar que llegaría a ser un Buda extraordinario no podía tener otro hijo ni permanecer en este mundo por mucho tiempo, por lo que le pidió que, al morir ella, se convirtiera en la madre sustituta de Siddhartha, a lo que accedió Pajapati, prometiendo que sería una buena madre para él.

La premonición de Maya se cumplió antes de un año, y el rey tomó por esposa a Pajapati, por lo que Siddhartha creció al lado de su padre y su tía-madrastra, rodeado de cariño, lujos y cuidados. Durante esa primera infancia, Siddhartha es llamado también *Shakyamuni*: "el favorito de los Shakya", epíteto que también se repite con frecuencia en la literatura budista.

2

La vida palaciega

Creció Siddhartha en un ambiente que ahora llamaríamos de "sobreprotección", pues habiendo sido señalado como un futuro Buda, sus familiares y cortesanos buscaban halagarlo y satisfacer todas sus necesidades y caprichos, haciendo todo lo posible para evitar que tuviera contrariedades de cualquier tipo. En sus primeros años, Siddhartha fue un niño mimado al extremo de la obsesión por quienes lo rodeaban. Sin embargo, el niño tenía un carácter apacible y mostraba una temprana inclinación a la reflexión y a permanecer en soledad, en una actitud contemplativa, lo que no sólo era incongruente con su educación "principesca", sino con las expectativas de su padre, quien veía en su primogénito a un sucesor de características extraordinarias y hacía lo posible por orientarlo hacia la política y la milicia, pues esos eran los materiales con los que se construían sus sueños de grandeza y poder, que de manera natural proyectaba en un hijo que él sabía predestinado a ser un personaje de gran trascendencia, por lo que él imaginaba que a través de este niño, su pequeño reino se convertiría en un gran imperio. Pero en el alma del Shakyamuni había una semilla de una especie totalmente distinta, por lo que no podía crecer en el terreno que su padre abonaba para él; lo que el propio Buda comenta en uno de sus discursos, cuando recuerda que desde muy niño aprendió a entrar en al profundidad de su mente por medio de la meditación.

Cuando Siddhartha llegó a la juventud, su padre decidió que debía contraer matrimonio para continuar la especie, y comenzó la búsqueda de una consorte adecuada para Siddhartha, aunque el príncipe tenía apenas quince años; se dice que el padre organizó una especie de concurso entre las princesas casaderas de las regiones vecinas, y de entre ellas Siddhartha eligió a *Yosodhara*, una bella joven, que era su prima e hija del rey de *Koli*.

Al poco tiempo de casados, nació un niño, a quien pusieron por nombre *Rahula*, que significa "vínculo", pero también tiene el sentido de "atadura", lo que era particularmente significativo para el rey Suddhoana, como él mismo expresa:

El príncipe ha tenido un hijo, y lo amará tanto como yo a él. Este niño será el vínculo que unirá a Siddhartha con el mundo material y con los asuntos del reino; de esa manera los Shakya permanecerán bajo el dominio de mi estirpe.

El joven príncipe Siddharta resulta triunfador en una competencia con arco, sin sospechar lo que el destino le tenía preparado. Arte del Tibet del siglo XVIII, Templo de Dambulla.

3

Tres momentos de dolor,
y una revelación venturosa

Por mucho tiempo vivió Siddhartha, con su mujer y su hijo, bajo la protección firme y benévola de su padre, quien se ocupaba con un empeño desmesurado de que su familia disfrutara de todos los bienes de la vida dentro del palacio y no tuviera contacto con el exterior, de manera que a la edad de 29 años, el Shakyamuni no conocía más mundo que aquél pequeño paraíso que su padre había construido en su derredor, formado por el palacio y sus jardines.

Pero el príncipe sentía una gran curiosidad por conocer el mundo exterior, por lo que un día le pidió a su padre que le permitiera salir a dar un paseo. Suddhoana aceptó a regañadientes y se preparó el paseo para unos días después, tiempo suficiente para que el rey mandara decorar los lugares de la ciudad y del campo por donde pasaría el cortejo, pues la ruta no se dejaría al albedrío del príncipe y el paseo sería ejecutado de acuerdo a un programa.

Cuando por fin llegó el día, fue dispuesto un regio carruaje, tapizado de lienzos finos, enjoyado del frente y tirado por cuatro hermosos caballos. Siddhartha montó en él, al lado de *Channa*, un áuriga de la confianza del rey, quien habría de llevarlo por la ruta prevista.

La vista de las calles de la ciudad, limpias y maquilladas, resultaban un agradable espectáculo para el Shakyamuni, a quien todo llamaba al asombro, pues el aspecto de las casas y las personas le resultaba novedoso. Pero de pronto la atención de Siddhartha se concentró en un hombre muy extraño: caminaba con gran dificultad, su cuerpo era pequeño, enjuto y encorvado; sus largos cabellos eran grises, enmarañados y sin brillo; su mirada era opaca, su rostro triste, y todo en él expresaba un profundo cansancio. Muy extrañado, el príncipe preguntó al cochero qué le pasaba a aquel hombre.

—No le pasa nada –respondió Channa–; es solamente un hombre muy viejo… es un anciano decrépito. Ese hombre alguna vez fue un niño que mamó del pecho de su madre; y después fue un joven que amó a su mujer y tuvo hijos, trabajó su campo y tal vez fue feliz, pero al pasar el tiempo fue perdiendo su vigor y su belleza… la energía de la vida ya se ha agotado para él.

Siddhartha quedó muy impresionado por las palabras del cochero, y comprendió que el paso del tiempo va desgastando a los hombres, hasta que el cuerpo no habla de otra cosa sino de cansancio, dolor y sufrimiento.

Pero no tuvo mucho tiempo para reflexionar acerca de la vejez, pues de pronto apareció, sentado en una piedra a la vera del camino, un hombre que respiraba jadeando y se estremecía como si tuviera mucho frío, a pleno sol, en un cálido mediodía; su piel mostraba una palidez cenicienta y se juntaba con los huesos, como si fuera una simple cubierta de pergamino rugoso y macilento, todo su cuerpo se encontraba tenso y desfigurado por el dolor y la ansiedad.

El Shakyamuni preguntó a Channa:

—¿Qué le pasa a ese hombre?

—Se trata de un enfermo –respondió el cochero–. Los elementos que conforman su cuerpo han dejado de tener armonía y todo se ha puesto fuera de lugar. Cualquiera de nosotros podría caer en ese estado, pues tanto el rico como el pobre, el joven o el viejo, el sabio y el ignorante, todos podemos sufrir la enfermedad.

Siddhartha no dijo nada, pero su corazón se llenó de conmiseración por el sufrimiento que causaba en los hombres la vejez y la enfermedad, y su mente buscaba una explicación para aquellas incongruencias de la vida, que hasta ese momento habían sido desconocidas para él. Mientras tanto el cochero azuzó a los caballos para alejar al príncipe de aquél lamentable espectáculo y alcanzó cierta velocidad, pero en el siguiente cruce de caminos tuvo que detenerse con brusquedad, porque cuatro hombres iban cruzando lentamente, cargando sobre sus hombros un palanquín sobre el que descansaba un cuerpo amortajado; detrás iba el cortejo fúnebre, la tristeza era patente en los rostros de las personas y algunas mujeres lloraban amargamente.

—¿Porqué llevan así a ese hombre? –preguntó el Shakyamuni–; ¿y por qué tanta tristeza entre la gente que lo acompaña?

—Es un muerto –respondió Channa–; la vida se ha desvanecido ya en ese hombre, por lo que él ha dejado de existir. Su familia y sus amigos lloran su muerte y ahora lo llevan en andas hasta su tumba.

—¿Es frecuente que la gente muera? –dijo Siddhartha con voz trémula, pues su corazón sufría con intensidad ante aquel espectáculo.

—Es lo mismo en todo el mundo y para todos los seres vivientes –dijo Channa con seriedad–. Todos los que nacemos a la vida algún día tendremos que morir.

Al volver la mirada y observar los rasgos de profunda tristeza en el rostro de su amo, Channa arrió los caballos para dirigirse hacia otra zona de la ciudad, que no estaba prevista en el itinerario, y donde se encontraban las mansiones de los nobles. Al pasar por uno de esos palacios, salió a su encuentro una joven llamada Kisa Gotami, quien también tenía la categoría de princesa; ella conocía a Siddhar-

Esta pintura China del periodo Tang nos muestra dos de los cuatro encuentros que hicieron que Siddharta partiera en la búsqueda de sí mismo.

tha y lo amaba desde que era adolescente. Fue por ese amor que entendió lo que expresaba la mirada del príncipe y entonces trató de consolarlo, diciéndole que él era un ser afortunado, pues tenía belleza, salud y riquezas, por lo que no había motivo alguno para sentirse infeliz.

—Feliz es aquel que ha encontrado la libertad –respondió Siddhartha.

—¿Y cómo se logra la libertad? –Preguntó Kisa.

El príncipe no fue capaz de encontrar una respuesta basada en la razón, pero en su mente se abrió un espacio de claridad:

Cuando cesa la ambición,
comienza la libertad.
Cuando se extingue el fuego del odio
y se desvanecen las ilusiones,
las falsas creencias,
y las contradicciones que nublan la mente,
entonces se alcanza la libertad.

Siddhartha no dijo nada, pero se quitó el collar más valioso que llevaba en el cuello y lo regaló a Kisa; mirándola con agradecimiento montó en su carruaje y se marchó.

Tal vez aquella muchacha no entendió por qué el Shakyamuni le había hecho aquel espléndido regalo, pero nosotros sí, porque sabemos lo que puede producir el aliento y la mirada de una mujer enamorada en el alma de un hombre.

4

El llamado de la vocación

T al vez fue demasiado el tiempo que pasó Siddhartha en aquel mundo de fantasía donde no había miseria, contradicción o sufrimiento; aquella realidad ficticia creada por el rey Suddhoana era en verdad una creación perversa, pues cortaba de tajo una parte de la vida, lo que equivale también a un intento de partir la conciencia y evitar el aprendizaje de las cosas del mundo en su dimensión real, que es lo que permite incorporar al pensamiento esas formas de diálogo que parten del reconocimiento de los contrarios, como bien entendió Siddhartha en aquel breve paseo que le produjo un despertar súbito y profundamente doloroso.

Y no era para menos, pues a sus 29 años Siddhartha era como un niño pequeño y su pensamiento discurría por la línea del placer, por el *Eros*. Pero él era un hombre extraordinariamente dotado, su inteligencia y su ética eran de naturaleza superior, por lo que al salir al mundo, su mente y su corazón reflejaron con gran claridad aquel otro aspecto de la realidad que es el *Thanatos*: la vida en su dimensión cruda y objetiva, que para Siddhartha fue una dramática revelación, pues no estaba preparado para enfrentar aquellas otras verdades que se le aparecieron en el camino.

Así que ya no pudo reincorporarse a la fantasía creada

por su padre, y en el centro de su alma se abrió un gran vacío que no podía soslayar, pues una intolerable ansiedad llenaba sus días y sus noches, por lo que no había descanso para él mientras no aceptara el llamado a esa formidable aventura que lo impulsaba a lanzarse al mundo, para emprender el largo camino que lo llevaría a convertirse en Buda.

En medio de esa tormenta emocional, Siddhartha no encontraba reposo durante el día y por las noches no podía dormir. En uno de esos insomnios, prefirió salir al jardín para dar un paseo, entonces sintió que la oscuridad de la noche era como la de su propia mente, y que el pensamiento de todos los hombres sabios que él había leído y consultado era igualmente vago y tenebroso, pues en realidad nadie había desentrañado el enigma del dolor, del sufrimiento y de la finitud de la existencia, por lo que no había un modelo filosófico o religioso que pudiera abrir una luz para su alma en tinieblas. Así que prefirió sentarse junto al tronco de un árbol añoso que lo había cobijado en su infancia y entregarse a la meditación, centrando su mente en el binomio vida-muerte. Después de un rato, su mente se aquietó y al poco tiempo entró en un estado de euforia visionaria. Fue entonces cuando en su imaginación se presentó un hombre delgado y semidesnudo que parecía un miserable, pero en su mirada y en la armonía de su cuerpo se adivinaba una gran paz interior. Este personaje se identificó a sí mismo como un *Samana*, o sea, un asceta indigente, y le dijo a Siddhartha que él también había observado el enigma de la enfermedad, de la vejez y de la muerte, lo que había producido una inquietud muy grande en todo su ser, por lo que mucho tiempo atrás había decidido abandonar su casa y a su gente, para centrar su espíritu en la meditación y vivir con la mayor simpleza, en busca de un camino de salvación. Por ese camino había reconocido que todo cambia y se transforma, que todo lo que nace tiene que morir y que nada es para siempre.

Siddhartha preguntó:

– ¿*Existe alguna manera de lograr la paz y el descanso en este mundo de cambio y contradicción?... En medio del placer y el lujo, yo solamente encuentro el vacío y un profundo disgusto inunda todo mi ser. Siento una gran opresión y la existencia misma me parece intolerable.*

Y el samana respondió:

– *Donde hay calor, existe la posibilidad del frío; las criaturas expuestas al dolor también están facultadas para el placer. Si el mal existe, es posible el desarrollo del bien; todas las cosas se relacionan unas con otras y esa correlación también atañe a la cualidad e intensidad; cuando el sufrimiento es muy grande, la felicidad puede serlo en la misma medida. Pero el hombre que se acostumbra a la inquietud cierra los ojos y permanece en ella; si los abriera, podría ver la quietud que le es correlativa. Si un hombre tiene sed y cierra sus ojos, no podría ver el agua que está ahí para calmar su sed. Cuando un hombre se deja esclavizar por su manera errónea de vivir y no busca la luz del conocimiento, permanecerá para siempre en el sufrimiento.*

El príncipe comprendió aquellos pensamientos convertidos en palabras y su atormentado corazón se abrió a la esperanza. Pero también entendió que la verdad estaba afuera, en el mundo, y no dentro del palacio ni en su propia mente, llena de obsesiones y cegada por la ignorancia.

Así que una noche de esas, a pesar del gran amor que sentía por los suyos y del arraigo hacia todo aquello que había sido su mundo, montó en *Kanthaka*, su noble corcel, y se dirigió hacia la puerta del palacio, con rumbo al mundo de la realidad y de la eternidad.

Pero, como es lógico y natural, ahí estaba Mara, el diablillo aquel que ya conocemos. Montaba guardia en uno de los pilares de la puerta y estaba muy preocupado, pues para esta clase de personajes funestos, es muy peligroso que alguien se decida a emprender el viaje hacia la libertad.

...*No te vayas, mi señor* –dijo Mara en un tono que parecía tranquilo–. *Falta muy poco, solamente siete días, para que la*

Siddharta parte de Palacio la misma noche en que cumplió 29 años para comenzar la búsqueda de un destino más elevado. Arte de Tibet, Templo de Dambulla.

rueda de la suerte gire a tu favor, y entonces comenzarás a disfrutar del poder, pues un gran imperio está naciendo ya en torno tuyo, y tú serás el soberano absoluto de los cuatro continentes y de las dos mil islas que existen en el mundo. Pero si tú te vas ahora, ya no habrá imperio para ti.

Las palabras de Mara no produjeron efecto alguno en el ánimo de Siddhartha, pues la oferta de poder no era nada nuevo para él, había sido parte esencial de su vida en el palacio y el motivo de aquella ficción que había montado su padre, para utilizarlo como un vehículo de su propia ambición.

No siempre es así, pero aquella noche Mara se vio torpe y deslucido, pues a un hombre que ha descubierto su verdadera vocación no se le tienta con baratijas.

5

El príncipe mendicante

Después de unos días de camino, y habiéndose alejado lo suficiente de su tierra natal, Siddhartha liberó a su caballo, Kanthaka, y se despidió afectuosamente de Channa, su fiel sirviente, quien se había unido a la peregrinación con la intención de permanecer al lado de su amo, pero para Siddhartha era esencial la soledad, y sobre todo la ruptura con aquellas formas de relación jerárquica que lo determinaban a seguir jugando un rol social que era un lastre en estas condiciones de total entrega a una vocación recién descubierta.

Así fue que Siddhartha cambió sus regias vestiduras por el tosco sayal de los *samanas*, quienes llevaban una vida de total desapego y tenían como única posesión una pequeña escudilla, en la que recibían el magro alimento que mendigaban de casa en casa, aceptando solamente lo necesario para subsistir, pues cualquier cosa que excediera la satisfacción de las necesidades básicas era sentido como una herencia que, por insignificante que pareciera, lesionaba su voluntad de libertad.

Tal vez Siddhartha consideraba que le sería fácil adoptar este estilo de vida; pero no fue así, pues por aquellas comarcas se había corrido la voz de que un príncipe de la casa de los Shakya había dejado el mundo del lujo y renunciado al poder, aceptando la vía religiosa y el ascetismo, en

Siddharta se corta los cabellos con una espada para comenzar su nueva vida. Bajorrelieve en tierra cocida, Templo de Pagan.

busca del desarrollo espiritual y la trascendencia, por lo que, al verlo pasar, todo mundo lo reconocía y veneraba, como si ya hubiese alcanzado la condición de Buda.

En su peregrinaje llegó a la ciudad de Rahagaja y ahí trataba de pasar inadvertido, pero al poco tiempo la gente lo reconoció y de inmediato dejaron de tratarlo como a un asceta mendicante, sino como a un príncipe que jugaba el papel de un *samana*, por lo que se decían unos a otros:

Éste es el Shakyamuni; él ha renunciado a un reino terrenal para alcanzar uno celestial, él es un santo iluminado, por lo que es una bendición tenerlo entre nosotros.

Entonces la gente procuraba halagarlo de muchas maneras, poniendo a su disposición la comida más rica y la más fina vestimenta; con la esperanza de que el santo se hospedara en su casa arreglaban la mejor habitación, para tener el privilegio de que durmiera bajo su techo.

La fama del príncipe mendicante se extendió por toda la región, por supuesto sazonada con algunos milagros y hechos de maravilla que no dejaban de ser mitos y leyendas, pero que entusiasmaban a la gente, y que llegaron a oídos del monarca de ese país, llamado *Bimbisara*, quien decidió buscar al santo para entrevistarse con él. Finalmente encontró al Shakyamuni sentado bajo un árbol y en actitud de meditación; sin embargo no se contuvo para decirle:

— *¡Oh, samana!: tus manos no fueron creadas para cargar esa humilde escudilla, sino el cetro de un imperio. Me apena ver cómo desperdicias tu juventud, siendo de una estirpe real y teniendo un gran espíritu. Yo te invito a reunirte conmigo y a participar de mi gobierno. La nobleza de tu mente y la grandeza de tu alma pueden llevarte a una realización completa, pues la riqueza, el poder y la religión pueden unirse en ti, con lo que serás un hombre completo, y a través tuyo puede lograrse la felicidad de todos.*

Tal parece que Siddhartha no podía librarse de aquella oferta de riqueza y poder, que la tentación lo seguiría por todos lados, pero el Shakyamuni era dueño de una sabiduría natural que le permitía encontrar el camino justo entre los extremos opuestos, lo que llegaría a convertirse en uno de los ejes de la filosofía budista, que es el concepto del "camino medio", lo que, al igual que el "justo medio" socrático, se ha desvirtuado con frecuencia en el Occidente, interpretándolo como una especie de promedio aritmético entre un valor positivo y otro negativo, o entre un "deber ser" y un "ser"; desde luego, en la intención de Siddhartha no estaba el ser "medio bueno", medio justo o medio libre, sino el interpretar los valores como algo *relativo a las condiciones en que dichos valores se debaten*; de manera que en el budismo los valores sólo se conciben como absolutos de manera filosófica, como una hipótesis de trabajo; pero el pensamiento y la conducta que se derivan de la aceptación de esos valores existe en una realidad concreta, y el camino "justo" es el que se adapta a "los medios" con los que se cuenta en la realidad, y no a los fines, que son solamente ideales de perfección, inalcanzables en términos absolutos, pero factibles y manejables en la relatividad de la vida cotidiana.

La propuesta del rey Bimbisara no era de la misma índole de la que le había hecho Mara, el demonio (que de alguna manera representa los deseos del padre de Siddhartha), en el momento de su partida, pues aquélla era la voz del mal, o por lo menos de una manera inferior de pensar, mientras que en las palabras del rey Bimbisara había un trasfondo de verdad y justicia que el propio Siddhartha no pudo negar; sin embargo, sus motivos para no aceptar la oferta del rey son perfectamente coherentes con la justeza del camino elegido:

> — ¡Oh, rey! Tú eres conocido por ser un hombre sabio y liberal, lo que se reconoce por la prudencia de tus palabras. Yo sé que un hombre por naturaleza bueno puede hacer de la riqueza un vehículo de superación para él y su pueblo. Pero la riqueza es correlativa a la miseria y tiende a propiciarla para lograr el equilibrio. Yo busco un tipo de riqueza que no se alimenta de la pobreza; yo busco la riqueza que se manifiesta en la caridad, pues la caridad se alimenta del bienestar ajeno y encuentra su contrapartida en el bienestar para todos.
>
> … yo elegí el camino de la libertad… ¿cómo podría regresar al mundo? Aquel que busca la salvación por medio de la religiosidad debe renunciar a todo aquello que puede atar su alma, como es el lujo y la comodidad de la vida; pero sobre todo debe renunciar al poder.
>
> … un hombre que ha nacido ciego y de pronto comienza a ver, ¿desearía recuperar su ceguera?
>
> …tú dices que sientes pena por mí, pues desperdicio mi juventud y mi talento; es un noble sentimiento de tu parte, pero también deberías sentir pena por aquellos que se encuentran atados a sus comodidades y a sus poderes, pues ellos viven en el deseo lastimoso de tener más, y en la zozobra constante de perder lo que ya tienen.

… mi corazón desea elevarse más allá del vulgar beneficio que aporta la riqueza y el poder. Lamento rechazar tu noble oferta, y también siento un gran pesar al abandonar a la gente de tu reino, pues ellos me aman y depositan en mí una esperanza que yo no puedo colmar, pues vivo en medio de la ignorancia, por lo que debo ir en busca de los sabios que pueden acercarme a la verdad religiosa y mostrarme el camino hacia la superación del mal.

Se dice que el rey juntó sus manos frente a su pecho, en señal de respeto, deseándole que lograra sus objetivos, y suplicándole que cuando alcanzara su liberación lo aceptara como un humilde discípulo.

El Shakyamuni partió con una grata sensación en su mente y su corazón, pues en este reino brillaba el amor y la buena voluntad, por lo que se prometió a sí mismo no olvidar la petición de Bimbisara, porque en aquel hombre había una semilla de justicia, y una actitud abierta hacia la espiritualidad.

6

El surgimiento del Bodhisattva

L a aceptación de la propia vocación, y la renuncia a su heredad, fue para Siddhartha el inicio de una aventura que debía tener su ratificación más allá de lo que es comprensible en términos de una vida común; la primera renuncia fue un acto de sana rebeldía en contra de su padre y la determinación de un destino que le resultaba ajeno e incongruente con aquella sensación de trascendencia que se había formado en su corazón; esa rebeldía fue muy valiosa para el Shakyamuni y creó en el centro de su personalidad una tensión psicológica que le permitió ponerse en marcha, pero no deja de ser una "pequeña renuncia", que prácticamente todos realizamos al dejar la casa paterna y lanzarnos al mundo. La prueba verdadera de la fortaleza vocacional del Shakyamuni es llamada "gran renuncia" (*abhinishkramana*), y es la que se manifiesta ante la actitud de los habitantes de la ciudad de Rahagaja, y sobre todo ante el rey Bimbisara, pues ahí se le presentaba el ambiente propicio para un nivel de realización que sería perfectamente aceptable para cualquiera, por supuesto para cualquiera que no tenga la intención de convertirse en un ser perfecto, en un Buda.

Así que Siddhartha se fue en busca de la sabiduría, entrando en relación con dos de los más famosos maestros brahmanes de aquellos tiempos: *Arada Kalama* y *Uddaka*

Ramaputra; el primero vivía en la ciudad de *Vaisali* y era considerado un verdadero *gurú*, o sea alguien que no solamente posee la sabiduría, sino que es capaz de guiar a sus discípulos por un sendero espiritual, por lo que tenía un gran número de seguidores. La filosofía de Arada Kalama tenía por centro el sistema llamado *Sankhya*, creado por un legendario Brahman llamado *Kapila*, quien basaba su interpretación de la trascendencia humana en la existencia de un "alma" que es por esencia inmaterial y eterna, a la que llamaba *Atman*. Es posible, aunque no comprobable, que nuestra palabra *alma* (descendiente de *ánima*) tenga esta raíz de la lengua pali, dada la influencia de la cultura aria en la formación de las culturas del Occidente, lo que sí es innegable es que *atman-alma* son prácticamente la misma cosa en la filosofía brahmánica y en las religiones occidentales, lo que no puede afirmarse respecto de este mismo concepto en la doctrina desarrollada posteriormente por Siddhartha y sus seguidores.

En las antiguas creencias brahmánicas, el atman es la esencia trascendente del ser humano, y es diferente tanto de la mente como del cuerpo físico, aunque temporalmente reside tanto en la mente como en el cuerpo, pero solamente como un sustrato del que busca desprenderse para adquirir –o recuperar– su libertad esencial; la mente humana es solamente uno de los vehículos del atman, pero no es identificable lo uno con lo otro, pues la conciencia es parte de la materialidad que nos ata al mundo; sin embargo, la conciencia tiene una función útil para la liberación del alma, en tanto que el yo puede optar por el conocimiento de sí mismo y con ello atisbar la presencia del atman y evitar todo pensamiento y actitud que entorpezca su liberación, lo que necesariamente lleva a una especie de misticismo ascético en el que se busca reducir (o eliminar) los "apegos" que el yo establece con las cosas del mundo, y con ello propiciar la manifestación de la sustancia, pura e inmortal, del atman.

Así se dice que Siddhartha estuvo durante un buen tiempo escuchando las enseñanzas de estos brahmanes, quienes identificaban el alma o atman con ese "sí mismo" que es quien cada uno vive como siendo *yo*.

Con estos sabios aprendió la teoría de la transmigración de las almas o "reencarnación", así como lo que ellos llamaban *karma*, que interpretaban como la "ley universal de las compensaciones", por lo que, decían ellos, un hombre malvado tenía que volver a "encarnarse" en un ser de naturaleza inferior para reiniciar su aprendizaje y de alguna manera "pagar" o compensar esa acumulación de energía negativa que había realizado en su vida anterior, por lo que podría renacer incluso en algún animal. Aquellos que purificaban su karma por medio de la práctica religiosa, lo que incluía no solamente la devoción y la práctica asidua de los rituales, sino también la mortificación, tendrían por compensación el renacer en castas superiores.

Como se puede entender, el brahmanismo justifica plenamente la posición social de las personas y también las condiciones de su vida, cualquiera que éstas sean, pues finalmente cada uno se encuentra pagando un "karma" de otras vidas; esta concepción siguió manejándose en algunas doctrinas derivadas del budismo, pero para el propio Siddhartha no son aceptables, pues reducen o eliminan la compasión, que es uno de los pilares de la doctrina que desarrolló Siddhartha posteriormente. Es obvio que en una ética avanzada, como es el budismo, no se puede entender la miseria, la esclavitud, la enfermedad o el dolor del otro como algo "merecido", sobre todo si nadie sabe (ni la propia persona) qué mal causó en una supuesta vida anterior.

Para comprender mejor la concepción brahmánica del atman-alma, escuchemos las enseñanzas de Arada Kalama, uno de los maestros que hemos mencionado arriba:

¿Quién es ese "sí mismo" que percibe las cosas del mundo por medio de las cinco raíces de la mente: tacto, olfato, vista,

gusto y oído?… ¿Qué es aquello que activa los movimientos de la manos y de los pies?… La realidad del alma se reconoce en las expresiones "yo digo", "yo conozco", "yo voy", "yo vengo"…, "aquí me quedo yo"… El alma no es el cuerpo, no es el ojo el que ve, no es el oído el que oye, el alma no es la nariz ni la lengua; el alma no es siquiera la mente. Es el Yo quien huele por medio de la nariz; es el Yo quien degusta con la lengua, quien ve a través del ojo, el que escucha con el oído; y es el Yo quien piensa con la mente; es ese Yo quien camina con las piernas y mueve las manos… Ese Yo es nuestra alma. Dudar de la existencia del alma es carecer de fe y estar fuera de la religión. Sin comprender esta verdad no hay posibilidades de salvación, pues entonces la mente se pierde en una gran confusión que conduce a la falta de fe. El verdadero camino de la salvación consiste en liberar el alma de todas sus ataduras mundanas, llevando una vida de aislamiento y purificación; dejando a un lado todo deseo y sobre todo reconociendo la no existencia de la materia, hasta alcanzar un estado de vacío en el aspecto material de la vida que nos hace conscientes de la inmaterialidad del alma, liberando su esencia, como un pájaro que sale de su jaula; de igual manera el Yo, desembarazado de todas sus limitaciones, encuentra su liberación. Esta es una verdad que sólo pueden entender aquellos que encuentran la fe verdadera.

Se dice que el Shakyamuni no quedó satisfecho con la teoría del atman, pues interpretaba a la conciencia humana solamente en su sentido negativo, esto es, como un lastre para el alma, lo que desvalorizaba completamente la experiencia de los hombres, el aprendizaje y la búsqueda consciente de la verdad. En otras palabras, Siddhartha no podía dar crédito a una teoría en la que sus pensamientos, sus sentimientos, sus emociones, sus afectos y todo aquello que constituye el "yo" tenga que ser negado y despreciado, en busca de una hipotética liberación que no nace de un anhelo generado por el propio *yo*.

La postura brahmánica respecto de la naturaleza del atman parece coincidente con la del budismo, y realmente en algunas corrientes se maneja casi en ese mismo sentido, pues el budismo se desarrolló en muchas vertientes, como veremos más adelante; sin embargo, Siddhartha desarrolló un concepto totalmente distinto del alma, al desligar esa "esencia" del Yo, o el "sí mismo", siendo el Yo solamente el resultado de un conjunto de circunstancias y vivencias que confluyen en el alma en el periodo determinado de una vida en particular y no la existencia en su totalidad, que incluye todas las vidas "circunstanciales" que la componen. Así que el Yo no es el atman, no es el alma, sino solamente el resultado del ejercicio de la mente y el cuerpo durante la vida, por lo que al morir también se extingue, junto con el cuerpo y la mente que son el sustento suyo. Es por eso que en el budismo original no se reconoce la trascendencia del Yo, aunque sí del alma, que es una esencia de índole espiritual y no perece, aunque se encuentra sujeta a un proceso de perfeccionamiento y autoconciencia que se desarrolla a través de múltiples vidas, pero el Yo en sí mismo no recuerda esas vidas, por lo que no es responsable de lo que pudiera haber hecho en ellas, bueno o malo, y por tanto no tiene que "pagar" un karma en el sentido brahmánico; la persona se encuentra en este mundo para aprender y perfeccionarse, la realidad se concibe como una escuela y no, como en el caso del brahmanismo, como un "penal".

La diferencia de concepciones representa un gran progreso humanístico, pues la compasión no cabe en la filosofía brahmánica, en cambio la piedad o compasión (*karuma*) se convierte en uno de los ejes del budismo, por lo que la religión budista se equipara al cristianismo original.

Esta polémica respecto de la naturaleza humana, centrada en la existencia del atman, fue algo más que una discusión filosófica para Siddhartha, fue una verdadera revolución psíquica que produjo un cambio importante en su mente, pues en lo más íntimo de su ser comprendió que el aprendizaje formal y el acceso a la cultura es un proceso deseable, pero externo y básicamente intrascendente si no se desarrolla la capacidad de aprender por sí mismo, poniendo en funcionamiento su dotación intelectual y emocional, asumiendo también que la sabiduría es una elaboración personal. El reconocimiento de este cambio cualitativo en la personalidad del Shakyamuni es expresado al llamarlo, desde ese momento, el *Bodhisattva*, que significa "el que busca la sabiduría", título que de ninguna manera debe interpretarse como "estudiante" o "discípulo", sino en el sentido de alguien que tiene la capacidad de la observación creativa, por lo que la norma de su pensamiento es la *comprensión* y no la acumulación de datos en la memoria.

El reconocimiento de este estadio de evolución en la inteligencia humana es uno de los grandes paradigmas del budismo, y al igual que muchos otros, son tomados de los ejemplos que presenta la evolución de la conciencia de Siddhartha, pues sucede lo mismo que en el caso del Cristo, la filosofía del Buda es evangélica, se deduce de su manera de vivir, y uno puede obtener toda clase de enseñanzas por medio de ese mecanismo impreso en la condición humana que se llama empatía.

7

Los caminos del pensamiento

a doctrina de los maestros brahmanes era la más refinada interpretación de la tradición hinduista, y aquí encontró Siddhartha los temas fundamentales de lo que llegaría a ser el cuerpo filosófico de su propia concepción de la realidad y de su propuesta de trascendencia, convirtiéndose, a través de sus propios discípulos, en uno de los vehículos de crecimiento cultural y psicológico más importantes de la historia.

Es necesario decir ahora, y poner un especial énfasis, en el hecho de que los principios que recogió Siddhartha en sus conversaciones (tal vez míticas) con los sabios Brahmanes, fueron reinterpretadas por él, y más tarde por sus seguidores, por lo que la descripción de estos principios durante este capítulo corresponde a esas fuentes tradicionales y no a la propuesta filosófica que se elaboró después y que conocemos como "el budismo" propiamente dicho, pues Siddhartha fue, igual que Jesús, un gran reformador, y sus conceptos, como en el cristianismo, están cargados de un humanismo que no era común en la antigüedad, lo que constituye uno de los valores más destacables del Buda histórico. Hay que decir también que aquí hablamos de los principales conceptos que darán lugar al budismo filosófico, evitando el desvío hacia interpretaciones míticas o folklóricas.

Uno de los conceptos más relevantes para la formación del budismo es, por supuesto, el de *Nirvana*, que en la tradición brahmánica es presentado como un don otorgado con cierta gratuidad por el "espíritu universal" o *Brahma*, concebido en esta tradición como un dios a la manera occidental, por lo que su voluntad otorga –o niega– un estado de beatífica serenidad, que solamente pueden reconocer en vida los llamados *budas*, personas que han alcanzado un alto grado de evolución espiritual, pero básicamente es un estado de índole sobrenatural al que se llega después de la muerte, lo que no es idéntico a la promesa occidental de una vida ultraterrena, pues para el brahmanismo la *existencia* es diferenciada de la *vivencia*, siendo la existencia el proceso completo de realización del espíritu en un ser particular, que comienza desde los estados más elementales de manifestación de la vida, y sigue por la línea evolutiva hasta llegar al ser humano, en quien la evolución se manifiesta ya como un fenómeno psicológico y no físico; pero ese cambio evolutivo se desarrolla a través de múltiples vidas, por lo que un mismo ser puede terminar un ciclo vital y comenzar otro, siguiendo así tantas veces como sea necesario para completar el ciclo de su reintegración al espíritu universal, del que se desprendió originalmente y al que tiende a regresar, pero solamente después de haber recogido y procesado todas las experiencias que le permiten comprenderse a sí mismo; así que la muerte no es otra cosa sino el fin de una etapa y el principio de otra, pues el ser *podría* volver a *encarnarse*, en el caso de que necesite experimentar algo en el mundo de las formas materiales, algo que le haga falta para completar su evolución, hasta que alcanza la bendición de la "muerte definitiva", lo que sólo se da a los budas, que son aquellos seres que han terminado su aprendizaje y pueden pasar a un estado de paz absoluta y completa felicidad, que es precisamente el "Nirvana", palabra que procede de la lengua *pali* y que literalmente significa "extinguido" o "realmente muerto", como una hoguera cuyos rescoldos ya no se reactivarán, por más que sople el viento. Tal vez esto parezca una incongruencia, pero no es así, pues la muerte definitiva significa la realización completa del ciclo de la existencia, y por supuesto la integración con el espíritu universal, que significa entrar en un estado de beatitud o eterna felicidad, lo que, por extensión, se llama también *Nirvana*, y que muy bien pudiera equipararse al "cielo" judeo-cristiano; pero si consideramos el análisis de arriba, y la concepción budista que veremos más adelante, el cielo y el nirvana son totalmente diferentes.

Como podemos ver, la concepción del nirvana es inseparable de la teoría de la reencarnación, que es propia de la cultura indostánica desde mucho antes del nacimiento de Siddhartha, pero se convierte en uno de los pilares del budismo, con diferentes versiones en una y otra corrientes, pero sin modificar su esencia. La reencarnación es un paradigma fundamental tanto para el brahmanismo como para el budismo, pues la creencia en una existencia mucho más amplia de la que se experimenta en un periodo particular hace que la vida y la muerte tengan un sentido muy diferente del que le damos en Occidente, de manera que la observación de las cualidades humanas, de los vicios, las virtudes y las estrategias para vivir queda determinada por el arraigo que pudiera tener esa creencia en las personas, pues es obvio que la manera de pensar, sentir y actuar, será diferente en una persona que tiene la convicción de que su presencia en este mundo es solamente un momento efímero en una existencia que no tiene principio ni final.

La vida personal, entonces, se concibe como un pequeño trayecto en un larguísimo camino, y la actitud "correcta" para el creyente no puede ser otra que el aprovechar esa oportunidad para avanzar lo más posible durante el tiempo de esa vida, pues al final de ese camino se encuentra la liberación completa del dolor y el sufrimiento que se experimenta en cada una de las vidas; esa liberación es el

Nirvana, y el creyente asume que el Nirvana es el anhelo que ha dado sentido a su existencia a través de todas sus vidas, por lo que es impulsado, interna y externamente, para que ese anhelo se vuelva realidad, aprendiendo a vivir de la manera "correcta".

Esta manera correcta de pensar, sentir y actuar es de hecho una ética social, aunque esa ética no atiende a la *virtud* como algo liberador en sí mismo, ni considera el *vicio* como la perdición del alma; es decir, no hay un *premio para el virtuoso* o un *castigo para el pecador*, no existiendo tampoco un tribunal metafísico en el que se juzguen nuestros actos. La ética brahmánica, y posteriormente la budista, es esencialmente práctica, pues se atiende al efecto que nuestros actos pudieran tener en el proceso de avance hacia la realización plena de nuestras potencialidades espirituales, a la llegada a la meta, a la obtención del Nirvana.

Esta moral pragmática responde al concepto brahmánico de *karma*, que también pasa al budismo con escasas modificaciones, aunque con variadas interpretaciones, ya se trate de un nivel filosófico, popular o mitológico.

En un sentido filosófico, el karma es equivalente a la causalidad en Occidente, pero más que en un sentido lineal, aristotélico, en un sentido dialéctico, pues se concibe a la realidad como un proceso dinámico, en el que todo es efecto de una causa y será, a su vez, causa de otro efecto, pero imaginando dichas causas y efectos como fuerzas que chocan o se unifican para formar "sistemas" de energía que a su vez se friccionan con otros sistemas cada vez más complejos, dando vida y movimiento a todo lo que existe en la realidad.

Aunque la idea kármica pudiera identificarse con lo que se maneja en la ciencia física, tiene un trasfondo metafísico que es, en el fondo, su verdadero significado, pues esta dinámica de fuerzas que se manifiesta en todo lo que existe no procede del azar, sino que responde a un orden preestablecido que es la *razón* del universo, que es el *espíritu*, o que es *Dios*.

El karma, entonces, es la expresión de una voluntad creadora que trasciende a la conciencia humana, y que pudiéramos imaginar como una máquina formidable que abarca todo el universo, y en esa máquina cada cosa tiene su lugar y su función, como si se tratara de engranes coordinados unos con otros y en constante movimiento. La forma y la función de cada uno de esos elementos es también "su" karma, lo que indica una cierta predestinación; aunque también se establece que los seres humanos tenemos la capacidad de producir ideas y ejecutar acciones que no van de acuerdo con ese karma, por lo que se generan fricciones innecesarias o estados de inarmonía que lesionan a las personas, produciéndoles retrasos en su desarrollo y múltiples formas de sufrimiento que son extralógicas o absurdas, pues no responden a las necesidades del orden universal, o karma, sino que son el producto de la ignorancia o la rebeldía.

Las enseñanzas de los grandes maestros no fueron satisfactorias para el Bodhisattva, pues dejaban grandes lagunas en su mente, y sobre todo en su corazón, tal vez esas ideas llevaban demasiados siglos transmitiéndose de boca a oído y en ese proceso se habían rarificado; pero también es válido suponer que los tiempos estaban maduros para un cambio de pensamiento, y que Siddhartha era el vehículo idóneo para recoger aquellos retazos de cultura envejecida y darles una nueva forma.

8

El sabio penitente

Decepcionado por el escaso fundamento intelectual que ofrecían los sabios de la época, Siddhartha buscó refugio en la religión, pensando que el orden del claustro y la fuerza espiritual que pudiera derivarse de los rituales le permitirían crearse una nueva estrategia de búsqueda y un remanso de paz. Pero rápida fue su decepción en este campo de la experiencia, pues además de múltiples manifestaciones litúrgicas que encontraba carentes de sentido, en aquellos tiempos se acostumbraba el sacrificio de animales para regalo de los dioses, costumbre que para la sensibilidad del Bodhisattva era algo primitivo y perverso, pero que se convierte en una experiencia también formativa, como se expresa en sus propias palabras:

> No puede ser otra cosa sino la ignorancia lo que mueve a estos hombres a organizar fiestas y celebrar sacrificios de animales con los que pretenden halagar a los dioses; es claro que ellos no hacen reverencia a la verdad y el amor, sino que sienten un gran temor por la ira de sus dioses y pretenden aplacarlos vertiendo la sangre de los inocentes animales.
> No puede haber ninguna capacidad de amar en aquellos que destruyen la vida con la intención de evitar el mal. ¿Puede un acto de crueldad expiar el pecado? ¿Puede un nuevo

error expiar viejos errores? Al herir el corazón de una vícti-
ma inocente, ¿se puede extirpar la maldad del corazón huma-
no? ¿Se puede llamar religión a la práctica de una conducta
por esencia inmoral?

La verdadera religión consiste en purificar el propio cora-
zón y en no matar.

Los rituales no tienen eficacia alguna, las plegarias son
repeticiones vanas y los encantamientos no tienen poder cu-
rativo o redentor. Los únicos sacrificios válidos son el aban-
dono de las pasiones que proceden de la ambición, el liberarse
de las tendencias que nos llevan al mal, y el abandono de la
mala voluntad.

Pareciera que Siddhartha pone un énfasis exagerado
en una conducta que es solamente un hecho elemental y
primitivo, como es el sacrificio de animales, pero al observar esta peculiar aversión del Bodhisattva por el sacrificio
ritual no podemos menos que recordar la postura de Jesús,
cuya aversión a esta práctica es de tal intensidad que, como
una acto de rechazo que llega al heroísmo, se propone
él mismo como "el cordero de Dios", como "el que quita el
pecado del mundo"; es lícito suponer que en el corazón de
seres tan evolucionados, el hecho de atentar contra la vida
es ya de por sí nauseabundo, pero el hacerlo como un ritual religioso y con el ánimo de apaciguar la ira de los dioses es algo intolerable. En el caso del cristianismo no se
desarrolló una ética biofílica que incluya a los animales y
las plantas, pero en el budismo el respeto a todas las formas de vida es un paradigma fundamental que llega al grado de la obsesión entre algunas sectas, como la *Jainista*,
cuyos seguidores llevan siempre una escoba para barrer el
terreno que pisan, pues podrían matar un pequeño animal
que ande por ahí, descuidado; y también se colocan un ta-
pabocas para evitar penosos accidentes con los insectos
voladores. Habría que imaginar lo que pensaría el Bodhisattva de esta clase de actitudes.

Siddhartha abandonó la religión con sorprendente rapidez, pero su disgusto por los rituales del templo no se diluyó tan rápido, sino que permaneció en él y se convirtió también en uno de los temas centrales de su propio sistema de perfeccionamiento humano.

Tal vez la afirmación de que la postura religiosa fue rápidamente desdeñada por Siddhartha pudiera parecer extraña para el lector occidental, pues entre nosotros se ha manejado siempre la idea de que el Buda fue fundador de una religión que se llama budismo y que es practicada por muchos millones de personas en el mundo; pero eso no es exacto si vemos las cosas desde la perspectiva budista, pues el Bodhisattva nunca quiso fundar lo que para nosotros es una religión, sino como he dicho arriba, un "sistema de perfeccionamiento humano", lo que es distinto de raíz en comparación con un sistema religioso, pues la intención no es el acercarse a Dios, sino al contrario, el prescindir de él y de sus templos, para colocar en su lugar al hombre y su conciencia; pero en busca, eso sí, de algo profundo y trascendente que nosotros llamamos "espíritu", y que en la cultura actual ya se maneja como algo diferente de Dios, aunque no es todavía un concepto desligado de la teología; ese deslinde tampoco se encontraba en la cultura brahmánica, sin embargo existían los elementos para separar al espíritu en sí mismo de la personalidad de Dios; fue el Bodhisattva quien realizó esa tarea, después de su iluminación. Es por eso que al Buda se le considera uno de los más grandes humanistas que han existido.

La decepción del Bodhisattva por la religión lo indujo a una nueva búsqueda espiritual por uno de los caminos más reconocidos de su cultura: el *Yug*, conocido como "yoga", que en sus raíces significa "unión", y tiene la finalidad de pacificar la lucha que se da entre los pensamientos que se oponen, o los sentimientos y emociones que chocan entre sí, cuando la mente de las personas maneja la dualidad como su propia manera de experimentar la realidad y su propia vida, lo que crea un estado de profunda insatisfacción y sufrimiento que ahora identificamos como formas neuróticas de pensamiento y conducta. El Yug pretende meter paz en esa guerra interior que todos tenemos, desactivando aquellos mecanismos físicos y mentales que dan lugar a la fijación de motivaciones contradictorias, con lo que dichas motivaciones se unifican, se diluyen o se "subliman", lo que se pretende lograr por medio de un conjunto de prácticas psicofísicas que conllevan el ascetismo, en mayor o menor grado, y también la mortificación física más o menos intensa, en la medida en que uno quiera "dominar" esas tendencias que nos atan a los deseos mundanos y nos impiden ver la luz del espíritu, que se concibe como algo que la mente humana *puede percibir* si se libera de todos los "apegos" que se generan en las zonas inferiores o "densas" de la persona. El sistema psicofísico del Yug no es de índole religiosa, pues no se maneja la idea de entidades superiores como mediadores entre una realidad trascendente y una inherente, pero sí es espiritualista, en tanto que reconoce la existencia de un orden universal y concibe la realización plena del ser humano como el resultado de su integración armónica con ese orden, por lo que su finalidad última es el logro del *Nirvana*, concebido por ellos como algo sensible física y mentalmente.

Seguramente fue esta propuesta la que llevó al Bodhisattva hasta el bosque de *Uruvela*, donde vivían cinco *bhikkhus* (ascetas practicantes del yoga), quienes habían aprendido a dominar su cuerpo y su mente por medio de ejercicios, posturas (*asanas*), largos periodos de meditación y una dieta que prácticamente era la privación del alimento, lo que supuestamente les producía un estado de lucidez y una sensación de bienestar más allá de lo común.

El Bodhisattva fue aceptado en la pequeña comunidad y se entregó con gran dedicación a la meditación y la mortificación de su cuerpo, fue tanto su celo en la práctica correcta de cada una de las técnicas, tan frugal su alimentación y prolongada su meditación, que al poco tiempo sus maestros bhikkhus pasaron a ser sus alumnos, admirando la extraordinaria resistencia de Siddhartha, lo que indicaba el alto nivel de control que ya tenía sobre sus funciones biológicas y psicológicas.

Así pasó Siddhartha los siguientes seis años, aplicado a la paciente y doliente labor de apagar cada uno de los fuegos que alimentan las pasiones de los hombres y suprimiendo todo deseo que aparecía en su mente, totalmente entregado a un ascetismo riguroso. Se dice que llego a alimentarse solamente con unos cuantos granos de trigo cada día y que su cuerpo y su mente se encontraba ya en una inmovilidad tal que él estaba en el proceso último de su liberación, expresando con ello que se encontraba a las puertas de la muerte; pero no de aquella muerte que es el umbral de una siguiente reencarnación, sino ante la muerte definitiva, que significaba su entrada en el silencio y la paz eterna, en el territorio del Nirvana. Por lo menos así pensaba la gente de los alrededores, pues Siddhartha ya no tenía elementos en su mente ni energía en su cuerpo para poder pensar en términos racionales; había adelgazado tanto que su esqueleto se le dibujaba en la piel y sus ojos saltaban de sus órbitas; pasaba la mayor parte del día en estado de completa inmovilidad, sumido en una meditación tan profunda que no advertía el susurro de la gente que se acercaba a él, pues ya entonces se hacían peregrinaciones para admirar a quien había alcanzado el dominio completo de su alma y pronto alcanzaría la santidad.

El Bodhisattva prácticamente ya no tenía conciencia de lo que le rodeaba. Una mañana se acercó al río *Nerajñara* para bañarse y se metió en las aguas, pero era tal su debilidad que el salir del agua representó un gran esfuerzo para él, tanto que ya no pudo caminar hacia el albergue del bosque donde habitaba junto a sus cinco compañeros y se desplomó junto al camino a unos pasos de la ribera del río, lugar que hubiera sido el de su muerte si el destino no hubiera permitido que pasara por ahí una muchacha llamada *Nanda*, hija de un pastor, quien le ofreció un tazón de arroz con leche. Siddhartha aceptó el regalo, y más como un milagro que como un hecho fisiológico, la energía regresó a su cuerpo y la claridad a su mente. A partir de entonces, el Bodhisattva comía lo que necesitaba, dormía con regularidad sobre un lecho mullido y cubría su cuerpo cuando hacía frío, lo que para sus discípulos del bosque era una renuncia vergonzosa y una traición hacia ellos, por lo que no tardaron en abandonarlo, con lo que el corazón de Siddhartha se llenó de pena, mas no por el hecho de quedarse solo, sino por la suerte de sus compañeros, pues el acto amoroso de aquella muchacha desconocida, Nanda, que le había devuelto la vida, también le había devuelto la sensatez.

Este es el bosque de Uruvela donde Siddharta meditó, este bosque se encuentra cerca de Gaya.

9

El advenimiento del Tathágatha

Siddhartha, el Bodhisattva, tenía treinta y seis años cuando salió del bosque de Uruvela y comenzó a peregrinar sin rumbo y sin objetivo, pues ya no quedaba nada por aprender, nada por experimentar dentro de lo que su cultura podía ofrecer, es por esto que en el corto periodo que va de su renuncia al ascetismo hasta su iluminación, Siddhartha es llamado el *Tathágatha*, lo que significa "el perfecto", pero en el sentido de quien sabe todo lo que se puede saber en su campo de acción, como se dice de un artesano que domina su oficio a la perfección. Siddhartha ha penetrado y asimilado todos los campos del saber en su tiempo, por lo que es un Tathágatha intelectual y moral; pero dentro de los parámetros de lo "normal" y en el terreno de diversas tradiciones y formas de pensamiento a las que cualquiera podía acceder, aunque no con los talentos de Siddhartha, quien no sólo es capaz de asimilar el conocimiento y aprovechar al máximo la experiencia, sino que también es capaz de cuestionar, criticar, y finalmente desechar todo aquello que no satisface su ansia de trascendencia, que él intuye como su destino. Así que ahora el Tathágatha es un ser realmente libre, pues ya no le queda nada preestablecido por probar y su camino está abierto hacia lo desconocido; pero por lo mismo es un ser vacío y desesperado, pues ese camino parece abierto hacia la nada, en este momento, el Tathágatha pudiera haberse perdido en esa angustia depresiva que se experimenta en medio de una libertad que rebasa los límites de lo tolerable, en el *nihilismo* que destruye toda esperanza. Tal vez era algo así lo que sentía Siddhartha en ese peregrinar sin rumbo, pero él era dueño de una voluntad poderosa que se tensaba hacia algo que no era ya definible en términos convencionales, pero que pugnaba por expresarse, para dar sentido a la vida personal de Siddhartha y de paso transformar al mundo.

En el momento más agudo de esta tensión emocional, el Tathágatha llegó a la ciudad de *Gaya* (actualmente *Bihar*), se sentó a la sombra de una añosa higuera (llamada después *el árbol del Bodhi*) y decidió con toda firmeza el permanecer ahí, meditando, hasta poder alcanzar por lo menos una verdad que no pudiera ser cuestionada, una verdad que fuese absoluta y eterna, una verdad que pudiera constituirse en el patrón, paradigma, criterio o modelo para entender todo lo demás; a una verdad de este tipo se le llama *Dharma*.

Esta arrebatada decisión del Tathágatha parece un acto desesperado, una rebelión emocional o una especie de intransigencia intelectual más propia de un niño malcriado que de un hombre sabio y maduro, pues él simplemente se sentó ahí, bajo una higuera, con el propósito de encontrar algo que no sabía qué cosa era ni qué camino seguir para descubrirla, pues él había recorrido ya todos los caminos y no había encontrado propuesta alguna que pudiera considerar como auténticamente válida, ya fuera en la filosofía, la religión o el ascetismo; ninguna idea, ningún concepto había resistido el embate de su lógica perfecta, por lo que en el fondo de su ser se había generado un hambre voraz de encontrar el Dharma, el sentido de la vida, la única verdad que podría salvarlo de caer en la nada. En esta condición de extrema tensión psicológica, la única luz que percibía su mente era la convicción de que el Dharma *debía* existir, que era imposible que el universo y la conciencia humana fuesen un absurdo descomunal; así que ahí se quedaría él, quieto y sereno delante de la nada, lanzando sus pensamientos como flechas hacia el universo, con la esperanza de que toparan con algo.

Buda meditando en este grabado en piedra del Templo de Borobudur; este grabado data del siglo VIII.

El reconocimiento de este estado psicológico del Tathágatha, que precede a su iluminación, no es una anécdota con tintes poéticos, es uno de los grandes núcleos de enseñanza para quienes siguen el modelo búdico en su forma pura; es decir, a partir de la *empatía* con Siddhartha, quien vivió lo que cualquier persona puede vivir, si se desarrolla en él una voluntad trascendente, lo que puede conducirlo a un estado de conciencia despierta, pues en todos nosotros hay un Buda latente, que en algún momento de la vida se rebela ante la insulsa normalidad y abre su pensamiento hacia la nada; particularmente, este pasaje es inspiración para la corriente *Zen*, que nació en China y se desarrolló en Japón. En esta perspectiva, el discípulo busca ir más allá de la racionalidad y la erudición, para entrar en un estado similar al del Tathágatha, a pesar de la angustia que esto necesariamente le producirá, pero siempre protegido por la firme convicción de que la vida no puede ser un absurdo, y que hay algo que le da sentido; ese Dharma es algo que no se puede elaborar intelectualmente, ni se puede transmitir en palabras; hay que vivirlo en la intimidad del ser y como una experiencia estrictamente personal, por lo que se le dice simplemente "aquello" que nos permite reconocernos como seres valiosos y hace de nuestra vida algo digno de ser vivido: el "zen".

10

El visitante de siempre

uando Siddhartha se sentó a la sombra del árbol del bodhi, el cielo se llenó de alegría y el regocijo colmó los corazones de todos los seres vivos.

Solamente Mara, el señor de los cinco deseos, portador de la muerte y enemigo de la verdad, se encontraba lleno de furia, pues la actitud del Tathágatha lesionaba su labor en el mundo; así que se hizo acompañar de un gran séquito, y especialmente de sus tres hijas: Tanha, Raga y Arati, llamadas "las tentadoras" , además de una nutrida corte de demonios, y llegó hasta el sitio en el que se encontraba el gran samana, pretendiendo impresionarlo de entrada; pero el Shakyamuni no le hizo el menor caso. Entonces Mara recurrió a una serie de estratagemas para meter miedo en Siddhartha y sacarlo de aquel estado de impasible serenidad. La tierra tembló y el cielo se oscureció como en una noche sin luna, pero el Tathágatha permaneció impávido, a pesar de que estaba consciente de todo lo que ocurría a su alrededor, pero también sabía que nada podría dañarlo.

Las tres hijas de Mara desplegaron sus artes seductoras para tentar al Shakyamuni, pero él no les prestaba la menor atención. Cuando Mara se dio cuenta de que no podía despertar el miedo ni el deseo en el corazón del samana victorioso, ordenó que todos los espíritus malignos que estaban bajo sus órdenes lo atacaran al mismo tiempo, a fin de provocarle una enorme angustia.

Pero el bienaventurado observaba sus acciones como quien mira jugar a los niños, por lo que todo resultó infructuoso para ellos.

Entonces ocurrió algo milagroso, pues los aromas nauseabundos que emanaban de aquellos seres malvados se convirtieron el oleadas de perfumes deliciosos, y sus alaridos de pavor se convirtieron en una música de encantadora armonía.

Al ver lo que estaba pasando, Mara sintió un gran peligro para él y su corte, por lo que los reunió a todos y se los llevó volando de regreso al inframundo, mientras del cielo caían pétalos de flores como una lluvia perfumada, al tiempo que se escuchaban las voces de los espíritus del bien:

¡Bendito sea el gran muni!, pues él ha resistido el furioso embate del mal. Puro y sabio es su corazón; de él emana el amor y la misericordia.

Ya falta poco para que los rayos del sol traigan una nueva luz al mundo y se disipen las tinieblas, y entonces él podrá ver la verdad, y la verdad lo llenará de luz.

Mara, Dios mortal de lo material, mandó a sus hijas a tentar a Buda, en esta pintura lo vemos vestido con la indumentaria del "señor supremo de los cielos" y montando un elefante. Fresco, Templo de Telvatta.

11

El amanecer del Dharma

Por fin, el Bodhisattva se quedó solo y pudo entregarse por completo a la meditación; entonces comenzó a explorar uno por uno sus recuerdos, desde los más lejanos de su infancia, para reconstruir su propia vida y concentrarse en el aprendizaje que había obtenido por la vía de la experiencia. Entonces recorrió toda la gama de las miserias humanas, de los males que causan otros males y de las figuras que se crean en la mente y se funden una con otras para dar la impresión de realidad.

El mundo está lleno de sufrimiento para los hombres pues su mente está llena de fantasía y su corazón se encuentra saturado de deseo y ambición. Los hombres no perciben la realidad sino por medio del filtro de la ilusión, por lo que llegan a creer en las ficciones que ellos mismos elaboran y las toman como verdades. Una verdad así conduce al error, y ese error lleva a muchos otros que también se convierten en verdades ilusorias; todo eso puede ser satisfactorio por un tiempo, pero al final sólo se encuentra la tribulación, la ansiedad y la miseria.

En este momento, el pensamiento de Siddhartha continúa en la línea del discurso racional, de la intelectualización, lo que para él mismo no significa un acercamiento a

la verdad que busca, pues ésta no puede estar condiciona-
da por las elaboraciones mentales, que son como el reflejo
de las cosas en el interior de las personas; pero el reflejo no
es la cosa misma, sino solamente su representación. Lo que
aquí describe Siddhartha es precisamente ese mundo de
representaciones que son en esencia ilusorias, o lo que ahora
llamaríamos "realidad virtual" y que el Tathágatha llama
samsara. El conjunto de esas imágenes son para nosotros
"la realidad" o "el mundo", de manera que el mundo es
ilusorio para los seres humanos aunque no lo sea en sí mismo, pues las cosas existen concreta y objetivamente, inde-
pendientemente de la manera como nosotros las pensemos.
Pero los humanos no podemos evadirnos de nuestras propias percepciones mentales, de ese mundo de interpretaciones que sucede en el interior de nuestra conciencia y
que refleja al mundo de manera más o menos errónea o
distorsionada, dependiendo de la calidad del espejo mental que cada quien posea, de su inteligencia, de su ética y
de la capacidad que tenga para controlar y canalizar sus
emociones. El samsara es la fuente del sufrimiento humano, pues es precisamente el error en la percepción de las
cosas, que tiene por efecto también el error en los otros campos de la vida y da por resultado el sufrimiento, diferen-
ciándose éste del dolor, pues el dolor es propio de la
naturaleza, pero no así el sufrimiento, que es una elaboración mental.

En medio de su propio universo interno, mucho más
puro y avanzado que en el común de los hombres, Siddhartha luchaba consigo mismo para salir del samsara, para
dejar de pensar en términos convencionales y abrir un espacio de luz en su mente y lograr percibir aquella verdad
universal e incuestionable que él intuía en su corazón y
que le daría la ansiada libertad.

Pero llegó la noche, y entonces Siddhatha concentró su
voluntad en la contemplación de su existencia como algo
totalizador, y no solamente como esta experiencia particular

de vida que lo había llevado al estado de perfecta meditación bajo aquella higuera, así pudo traer a la conciencia lo que le había pasado en vidas anteriores, como él mismo relata:

Recordé infinidad de vidas anteriores. Había pasado por miles de nacimientos anteriores en distintos periodos del mundo. Lo sabía todo acerca de esos nacimientos: dónde se habían producido, cuál había sido mi nombre, en qué familia había nacido y qué había hecho. Reviví una vez más la buena y la mala fortuna de cada vida y sentí cómo una y otra vez volvía a la vida. Así recordé todas esas experiencias previas con toda claridad, con todas sus circunstancias. Este conocimiento lo obtuve en la primera noche de vigilia.

Como ya hemos dicho, el Buda no reconoce la existencia del alma, siendo su doctrina lo que se conoce como *anatman*, que simplemente significa "no alma", y por lo tanto tampoco acepta la transmigración, por lo que este pasaje de su experiencia bajo el árbol del Bodhi pareciera un contrasentido, pero es necesario puntualizar que aquello que Siddhartha no acepta es la existencia del alma en el sentido brahmánico, esto es, como siendo el "yo" o el "sí mismo"; él sostiene que la personalidad humana es impermanente, pues la personalidad es solamente la confluencia de hechos circunstanciales que se viven en el cuerpo y en la mente, dando por resultado un Yo que desaparece cuando tales circunstancias también se diluyen. Sin embargo, la reencarnación es un hecho perfectamente aceptado por el Buda y los budistas, pero siempre en el sentido de que no es el Yo quien regresa, sino una esencia o energía de índole espiritual que requiere experimentar y aprender por medio de los sentidos para tomar conciencia de sí mismo y alcanzar su liberación.

A partir de esta experiencia el buda elabora una doctrina en la que se considera al ser humano como algo integral, como un todo indivisible que sólo puede separarse en cuerpo (*rupa*) y mente (*nama*), como una *figura de lenguaje y para facilitar la comunicación*, como dice al propio Buda en sus enseñanzas, y añade:

> ...*pero el lenguaje mismo nos revela la naturaleza del hombre, puesto que al hablar decimos con toda naturalidad "mi" cuerpo, o "mi" mente, con lo que aludimos a algo que no es ni el cuerpo ni la mente, pero que los considera suyos... ¿Quién es entonces ese misterioso personaje que posee un cuerpo y una mente?... Aquí nos estamos mencionando sin definirnos, sin atribuirnos nada material y visible... aquí estamos aludiendo al "ser", que usa al cuerpo y la mente para existir, pero que en sí mismo es una cualidad del existir.*

Tratando el tema de la vida y de la muerte, el Buda dijo a sus discípulos:

> *En cuanto el cuerpo y la mente permanecen unidos, tenemos un "ser", cuando ambos se disuelven, el ser desaparece y eso es la muerte. Al igual que el calor y el fuego aparecen por el contacto y la fricción entre dos estacas, así aparece la conciencia cuando se friccionan el cuerpo y la mente, y cuando se dejan de friccionar el yo deja de existir, pues sólo se da la vida consciente en medio de ciertas circunstancias, cuando ya no se presentan esas circunstancias cesa la actividad del ser, como cuando el bosque ha sido consumido por el fuego, el mismo fuego deja de existir, pues ya no tiene dónde arder.*

Es bastante claro que para el Buda el Yo desaparece con la muerte, sin embargo, también es claro que la existencia es mucho más amplia que la vida, y la experiencia pasa por múltiples periodos en los que se conforman personalidades que son diferentes entre sí, ¿qué es entonces lo que reencarna?

Parece que el propio Buda no se lo aclaró totalmente en

Al comprender el Karma, Buda se liberó de los castigos impuestos por esta ley, en esta representación lo podemos ver volando sobre los castigos, simbolizando su liberación. Miniatura, Museo Guimet, París.

aquella primera vigilia, sino sólo hasta la segunda noche, cuando se le reveló el misterio del *karma*:

> *Con el ojo celestial, purificado y más allá del alcance de la visión humana, vi cómo los seres se desvanecen y vuelven de nuevo a ser. Los vi encumbrados y caídos, brillantes e insignificantes, y vi cómo cada uno obtenía, según su karma, un renacimiento favorable o doloroso.*

El Buda explicaba de manera sencilla el karma como el hecho de que todo lo que hacemos de alguna manera influye en la realidad y la deja marcada, toda acción genera una reacción a un plazo corto o tan largo que puede abarcar varios periodos de vida; el Buda decía a sus discípulos:

No crean que una acción deja de tener consecuencias negativas sólo por ser muy simple y pequeña; por pequeña que sea una chispa puede incendiar un pajar tan grande como una montaña.

No descuiden las buenas acciones por pequeñas que sean, pensando que no aportan ningún beneficio, pues las más pequeñas gotas de agua terminan llenando un gran recipiente.

Para el budista, el karma no es el premio o castigo por las acciones, sino el hecho de que cualquier acción produce un efecto, y un conjunto de causas da lugar a un conjunto coherente de efectos que son la contrapartida de esas causas, porque todo lo que existe en el universo tiende al equilibrio, pero se desequilibran las cosas para lograr un equilibrio más elevado, lo que también es karma.

El Buda indicaba que para entender cabalmente el karma hay que estar iluminado, por lo que parece que excluye al entendimiento común; sin embargo, en el conjunto de metáforas que utilizaba para explicar este concepto se pudiera deducir el que el Buda admite la transmigración de la persona como "sí mismo" o "yo" de una a otra vida, lo que aparentemente contradice su propuesta del *anatman*, pero esto solamente ocurre en sus discursos populares, en los que maneja un lenguaje metafórico, a la manera del Cristo; la interpretación literal de estas historias poéticas ha dado lugar a la creencia en la reencarnación de la persona consciente de sí misma a través de varias vidas, lo que el Buda, en su discurso filosófico niega enfáticamente, afirmando que es solamente el karma lo que se transmite de una a otra vida: *como el fuego de una vela puede pasar a otra...*

Se entiende que un mismo fuego puede encenderse en múltiples velas, pero cada una de ellas es distinta y única.

En el momento en que Siddhartha entendió el principio del karma como el orden esencial del universo y la dinámica de la conciencia humana dentro de ese orden, su mente se encontraba en aptitud para ligar todos los cabos y responder a todas las preguntas, puesto que había cubierto la total intelectualización de la realidad, por lo que asumió por completo su condición de Tathágatha, de sabio perfecto. Esta condición representa un gran avance en el desarrollo de su conciencia, pero su gran sabiduría le hizo comprender que la sabiduría misma es sólo una herramienta para trabajar sobre algo más profundo y trascendente, que la sabiduría es sólo un medio para que una voluntad poderosa, como la suya, pudiera proyectarse hacia esa obra de creación milagrosa que él intuía y deseaba profundamente.

12

El despertar

¡**Y** entonces sucedió!... de pronto se disiparon la nubes del pensamiento y Siddhartha, el Tathágatha, pudo ver con claridad la esencia del Dharma. No fue un hecho imaginario ni hubo en ello ejercicio de la memoria o la inteligencia; el razonamiento cesó por completo; no hubo en su mente juicio o pensamiento alguno, su lógica se puso a descansar y en su mente no hubo movimiento.

Simplemente vio el Dharma... *como la visión de su propias manos delante de sus ojos fue su visión,* se dice en uno de los escritos sagrados.

¿Qué fue lo que vio Siddhartha bajo el árbol del Bodhi?...

Desde luego, esa pregunta no tiene respuesta, pues la esencia del Dharma no es algo comunicable en palabras ni comprensible por medio de formas intelectuales, pues si así fuera, el Dharma sería también una representación mental y estaría dentro del mundo del samsara. El Dharma es uno de esos principios que tienen que aceptarse como un acto de fe, igual que los "misterios" cristianos. Pero en el caso del Dharma no se trata de una fe ciega, sino de una fe llena de lucidez y esperanza, pues parte de una poderosa intuición que todas las personas sanas guardan en su corazón: "El universo no puede ser un absurdo; la vida humana *debe* tener un sentido".

El Dharma no es el sentido de la vida, pero sí es la manera de reconocer el camino y avanzar por él con seguridad y alegría, pues al final de ese camino se encuentra la libertad, el Nirvana.

La visión del Dharma produjo en Siddhartha la última y definitiva transformación de su personalidad, que es la síntesis y superación dialéctica de todos los estadios anteriores de su evolución. Su mente sufrió un cambio cualitativo que le produjo el completo despertar, la "iluminación", por lo que su mente ya no funcionaba dentro de los parámetros de la normalidad y una moral poderosa se insertó en su corazón.

Siddhartha cerró los ojos un momento, pero cuando los volvió a abrir ya era el Buda, por lo que la realidad se le presentó con una inusitada claridad; por efecto natural de esa claridad, el iluminado entendió la causalidad (el karma) en toda su amplitud y por ello fue capaz de concebir y elaborar un nuevo punto de vista respecto de la cosmogonía en general y de evolución de la conciencia humana, en particular; parte de esa elaboración se expresa en las escrituras sagradas de la siguiente manera:

En el principio, se encuentra la existencia reunida en sí misma, pero ciega y desprovista de experiencia; en ese mar de ignorancia se crean núcleos de armonía y organización; en el seno de esos núcleos nace un anhelo de experimentar, de sentir, y esa necesidad se organiza en seres individuales en los que se desarrollan seis formas de experimentar, que son los cinco sentidos y la mente. Por medio de estos seis campos de experiencia se entra en contacto con las cosas materiales y el contacto estimula la sensación, y al sentir se produce una sed de individuación, con lo que el ser individualizado se separa de las cosas materiales; con esta separación, el individuo crece y se desarrolla hasta que llega a percibirse como "sí mismo" o "Yo", esto se produce a través de renovados nacimientos. Las múltiples vidas se desenvuelven en condiciones de sufrimiento, envejecimiento, enfermedad y muerte; todo esto produce lamentos, ansiedad y desesperación.

La causa del sufrimiento se encuentra en el principio de las cosas, nace del mar de ignorancia donde fue gestado el ser que llegó a la individualidad. Remueve la ignorancia y se removerán también los apetitos que proceden de una errónea percepción de las cosas; si se elimina este error de percepción, las ilusiones que se crean por los sentidos desaparecen y el contacto con las cosas ya no dará lugar a concepciones equivocadas. Al no existir estas falsas concepciones dejarás de sentir esa sed de experiencia que origina la cadena causal que te ha llevado a la separación respecto de las cosas. Cuando se elimina esa separación, al mismo tiempo desaparece el egocentrismo, con lo que el ser ya no existe como sí mismo; cuando ya no existe el sí mismo se está más allá del nacimiento, de la vejez, la enfermedad y la muerte, por lo que el ser se libera del sufrimiento.

Este es un razonamiento que se desarrolla en doce causas y efectos que conducen al sufrimiento, por lo que se concibe como una "cadena", que es como una síntesis de la cosmogonía y psicología budista, la que se llama: *Dodécupla cadena de causalidad* , y en la que se reconoce un proceso que va desde la total inconciencia hasta la conciencia individualizada humana, misma que refleja la realidad y con ello se separa de las cosas, sin percibirlas directamente, sino a través del "error" o ilusión que produce la experiencia sensorial; el error en la percepción se entiende como el reconocimiento de las cosas a través de su reflejo mental y no por la experiencia directa de las mismas. Al dejar de colocar al yo en el centro de la realidad (egocentrismo), pueden percibirse las cosas tal como son en realidad y no a partir de su reflejo en la mente de quien observa.

Para comprender esa teoría, que parece tan compleja, simplemente tendríamos que imaginar que vemos una naranja, pero no directamente, sino por medio de un espejo;

si el espejo es terso y se encuentra bien colocado frente a la naranja, tendríamos una imagen "correcta" de la misma; pero si el espejo es imperfecto, si tiene curvaturas o se encuentra mal colocado, nuestra percepción de la naranja sería "incorrecta", pero como siempre vemos la naranja por medio de nuestro espejo y nunca directamente, para nosotros "eso" es una naranja.

Para el budismo, la mente es como un espejo y el yo utiliza ese espejo para observar y entender la realidad; la visión y el entendimiento son en esencia ilusorios, pues la imagen mental no es la cosa misma, y esa ilusión puede producir una percepción errónea en la medida en que ese espejo mental se encuentre deformado o esté mal colocado frente a la realidad, lo que sucederá, necesariamente, mientras el Yo se encuentre "separado" de las cosas y "centrado" en sí mismo.

De lo anterior, podemos deducir que el budismo propone una visión objetivista de la realidad, huyendo del "subjetivismo" que conduce al error y provoca la angustia. Bajo este principio, la religiosidad budista consiste en el desarrollo de una serie de estrategias de pensamiento y conducta que nos permitan adquirir un punto de vista objetivo del mundo y de nosotros mismos como parte de ese mundo, eliminando la separación y el egocentrismo, operación ésta que conduce a la disolución de la ilusión, lo que crea un estado de plena integración con el universo y la sensación de felicidad que de ello se deriva, eso fue lo que logró Siddhartha bajo el árbol del Bodhi.

Fue así que entendió una verdad esencial que define a todas las cosas y la llamó Dharma; como ya hemos dicho, esta verdad no se percibe con la razón o el intelecto, sino que se experimenta de una manera espiritual, y esa experiencia se presenta como algo natural y sencillo, como algo que rechaza el esfuerzo mental, pues cualquier esfuerzo falsifica la experiencia. Sin embargo, en el propio momento de la iluminación, el Buda elaboró una fórmula de cuatro elementos que sería el paradigma de la religión que fundaría, a este paradigma también se le llama Dharma y está compuesto por cuatro "nobles verdades" que veremos más adelante.

Al sentirse completamente despierto, se dice que el Buda habló así a su corazón:

> *Durante muchas vidas yo busqué en vano*
> *al constructor de esta casa de sufrimiento*
> *que es el mundo.*
> *Ahora lo veo con toda claridad.*
> *Esta será mi última presencia en este mundo.*
> *Se ha roto el yugo.*
> *La ansiedad del deseo se ha disipado.*
> *Mi corazón se encuentra en paz.*

En ese momento, el Buda hubiera podido abandonar el mundo del samsara y diluirse para siempre en la felicidad del Nirvana. Pero al despertar en el Dharma, también se le despertó el *Karuma*: el amor, la caridad.

Así que Siddhartha, el Buda, en vez de dirigir su pensamiento hacia el Nirvana, lo dirigió hacia los hombres y mujeres que se debaten en medio de la ignorancia y el sufrimiento. Fue por eso que se levantó de su aposento bajo la higuera, tomó sus escasas pertenencias, y se fue por el camino de Benarés.

13

El nacimiento del *reino de la luz*

En un descanso en el camino entre la ciudad de Gaya y Benarés, el Buda se detuvo para meditar y permaneció en completa inmovilidad durante siete días y siete noches, disfrutando de su propia emancipación. Pero al octavo día pasaron por ahí dos mercaderes, llamados Tapussa y Bhallika, quienes se sintieron conmovidos por la presencia serena de aquel hombre solitario y se acercaron para ofrecerle un poco de arroz, pan y miel, lo que fue bien recibido por el Buda, pues aquellos eran los primeros alimentos que probaba desde que se sentó bajo la higuera. Ese acto, en apariencia intrascendente, se ha convertido en un símbolo de la compasión que el propio Buda predicó, pero que también proyectaba de una manera subliminal sobre los demás, pues más que una ética de compasión, lo que el Buda propone y practica es la fijación de un fuerte sentimiento de piedad en el interior de las personas, lo que debe causar un reflejo en la conducta de los demás, como es el caso de estos viajantes de comercio que sintieron la fuerza de la compasión que emanaba del espíritu del Buda y actuaron en consecuencia con ese sentimiento, de una manera que no podía ser sino compasiva.

Ante estos hombres sencillos predicó el Buda por primera vez, expresándoles el Dharma tal como lo había ela-

Lugar donde Buda comenzó su labor profética consiguiendo sus primeros conversos, este edificio se encuentra en la antigua Sernath (Benarés).

borado después de su iluminación, con lo que obtuvo sus dos primeras conversiones, lo que en el budismo se considera un hecho muy significativo, pues es la muestra de que se trata de una religión destinada a todas las personas y que en ella no se hace diferencia de clase, cultura o sexo, como se acostumbraba en el antiguo brahmanismo.

Alimentado en su cuerpo, y seguramente también en su espíritu, el Buda siguió su camino.

En aquellos tiempos, Benarés era el principal centro intelectual y religioso del valle del Indo, tal vez fue por eso que el Buda fue hacia allá, para predicar su doctrina recién nacida y establecer ahí la sede de lo que más tarde sus seguidores llamarían *El reino de la luz*; aunque el Buda lo llamó "El reino de la rectitud", cuando se reunió con algunos de sus antiguos discípulos en el bosque de *Isipatana*, cercano a Benarés y con ellos formó el primer grupo de predicación, compuesto solamente por él mismo y cuatro monjes que habían dedicado su vida a la práctica del ascetismo. Ante ellos predicó el primero de sus discursos (*sutras*), que se conoce con el sencillo nombre de *Dharmachakrapravatana sutra*, lo que se interpreta como "la puesta en movimiento de la rueda de la ley". En este discurso se desarrolla la doctrina de las cuatro *Nobles verdades*, que constituyen la expresión doctrinaria del Dharma y pueden considerarse como la esencia de la propuesta budista:

La noble verdad de la existencia del sufrimiento
La noble verdad de la causa del sufrimiento
La noble verdad del fin del sufrimiento
La noble verdad del óctuple sendero
que conduce a la disolución del sufrimiento.

Aunque tradicionalmente se ha traducido como "miseria", "dolor" o "sufrimiento", la palabra empleada por el Buda, y que se maneja en el budismo original es *dukkha*, lo que en lengua pali denota un estado de "duelo" en el espíritu humano, interpretación ésta que es mucho más coherente con lo experimentado por Siddhartha en su propia vida y con sus enseñanzas como Buda. Así que tal parece que la primera "noble verdad" parte del reconocimiento de un estado de la conciencia humana que ahora llamaríamos melancolía o incluso "depresión", pero en el sentido del psicoanálisis tradicional, en el que se identifica el estado de melancolía como idéntico al de una persona en duelo. Es evidente que Siddhartha entra en un estado así cuando descubre, de una manera ciertamente tardía, que la vida tiene un lado oscuro, y que nada es permanente, que todo en la vida cambia, se deteriora con dolor y marcha hacia su fin. Viéndolo de esta manera, la primera de estas nobles verdades revela la existencia de una noción de impermanencia en el fondo de la mente humana que se traduce en una sensación de angustia que es correlativo al

En este altar, conocido como el altar del fuego, fue donde pronunció Buda su primer sermón en la antigua Sernath (Benarés).

crecimiento de la conciencia, lo que es comparable a lo que plantean los existencialistas en el siglo XX.

Así que el sufrimiento al que alude el budismo no es precisamente lo contrario del bienestar y el placer, sino el estado en que se encuentra una persona al reconocer su mortalidad, la de sus seres queridos, o de aquello que constituye su mundo afectivo. Podríamos entender la diferencia si reconocemos que una persona que se encuentra en duelo por la muerte de un ser querido puede disfrutar de la comida, del sexo, o de un paseo por la playa, sin que por ello se modifique el estado de melancólica introspección en el que se encuentra. Pero es claro que el Buda se refiere a un estado de angustia "endógena", cuyas causa son difíciles de reconocer, pues no se deduce de un hecho específico, lo que nos conduce a la segunda noble verdad:

La angustia no es algo natural en la dinámica de la vida ni es enviada por los dioses a manera de castigo por nuestras culpas; la causa del sufrimiento se encuentra en nuestra propia manera de vivir y en los pensamientos que de ella se generan y que pertenecen al mundo del samsara, o sea de la ilusión, considerada como un conjunto de representaciones mentales que nos dan identidad en este mundo y que llamamos nuestro "yo", que consideramos inmanente, o nuestra "alma", que creemos trascendente. Pero lo uno y lo otro son creaciones ficticias, como personajes de teatro que son puestos en la escena de la vida por nosotros mismos y por la sociedad en la que vivimos. Pero si analizamos los motivos de nuestra conducta nos daremos cuenta de que todos ellos tienen un motivo, una causa, y que dichas causas y motivos no son propiamente elecciones del "yo", sino de un conjunto de influencias sobre las que no ejercemos mayor control; cuando vamos devanando los motivos de nuestro pensamiento y nuestra conducta, como si estuviéramos quitando, una por una, las capas de una cebolla, nos daremos cuenta de que lo que llamamos nuestra personalidad está precisamente en esas capas, y que en el centro no hay nada, porque una cebolla *es* un conjunto de capas en derredor del vacío.

Aquí encontramos dos de los conceptos fundamentales del budismo: el *anatman* y el de *avidyá*.

Ya antes habíamos comentado la polémica de Siddhartha con los brahmanes respecto de la existencia del atman, que equivale al concepto de alma, como una esencia pura del ser humano que va más allá de la vida y de la muerte y da sentido a ambas. Al buscar las causas de la angustia existencial del ser humano, el Buda desarrolló la teoría del "anatman", o sea de la *no existencia* del alma, lo que también se entiende como la no existencia del *ego*, del *yo*, lo que parecería una afirmación que limita con el absurdo, pero no lo es tanto si lo entendemos a la luz del concepto de "avidyá", que de manera más bien ingenua se acostumbra traducir como "ignorancia", y de una manera menos ingenua como "vacío", lo que nos recuerda el centro inexistente de la cebolla; pero es mucho más aceptable la acepción que encuentran algunos analistas del budismo, traduciendo avidyá como "relatividad", en el sentido moderno del término; las cosas son *relativas* unas a otras, no hay nada absoluto. Para la física relativista, un fenómeno *no existe* en sí mismo, es solamente una configuración definida para quien lo observa, pero en realidad se trata de un conjunto de interacciones entre fenómenos que a su vez son un conjunto de interacciones cada uno de ellos, por lo que todo el universo se concibe como un enorme campo de relaciones.

Tanto para Einstein como para el Buda el universo está vacío, carece de "esencia", pero sí posee "existencia"; lo que nosotros percibimos es su existencia (la dinámica de las relaciones), y en ella existimos también nosotros, compuestos por capas y capas de existencia, y gozosamente vacíos, sin alma y sin esencia.

Tal vez esto sería un poco menos inquietante si recordamos la propuesta de Platón, quien decía que había dos mundos, el de las ideas "eternas" (*episteme*), y el mundo de las representaciones mentales de esas ideas (*doxa*); así que cuando yo fabrico una silla para sentarme en ella, lo que estoy haciendo es *evocar* el concepto "puro" de silla que existe en el mundo ideal (de las ideas); así que existe un "alma" o esencia de la silla y un alma o esencia de mí mismo, fabricando una silla. Es indudable que esta concepción influyó grandemente en la cultura occidental. Pero por motivos prácticos, por decoro intelectual o por salud mental, no es posible sostener esta teoría en la actualidad, lo que no podríamos decir de la visión búdica, pues ahora, a la luz de la ciencia moderna, es más vigente que cuando apareció, y ciertamente constituye una herramienta avanzada para el entendimiento de las causas de nuestras angustias, tal como lo propuso el Buda, pues al reconocer y analizar las causas de nuestro pensamiento y conducta nos estamos tratando de hecho como un *sujeto de observación científica*, lo que implica el tener como criterio básico la total *objetividad*, y como herramienta la *relatividad*. El reconocimiento de que somos un conjunto de elementos relativos unos a otros y que no somos seres "absolutos", no tiene por qué generar angustia, sino al contrario, es un sano principio para que se disipe la "ignorancia" (el otro sentido de avidyá), por medio del conocimiento sin prejuicios ni fanatismos, lo que puede llevarnos a una expansión de la conciencia, que nos permitirá comprender la tercera de la nobles verdades:

Vivimos en la angustia y el duelo a causa de la ignorancia, lo que produce la sensación ilusoria de un "yo" que en realidad sólo existe como un ser virtual; si continuamos viviendo desde la perspectiva de ese ser virtual, seguiremos repitiendo una y otra vez los mismos errores en esta vida y en las subsecuentes, pues conforme la creencia budista, la vida tiende a recrearse tantas veces como sea necesario, hasta que se disipe la ignorancia en el sujeto y se alcance el estado de nirvana, que es la completa lucidez, la iluminación o el despertar, lo que no es una experiencia mística ni un don de los dioses, sino la expresión última de una voluntad presente en todos los seres humanos y que puede llegar a realizarse por medios también humanos. De aquí se entiende que el budismo no es propiamente una filosofía, en el sentido occidental del término, y tampoco es una religión, si aplicamos nuestros criterios. En todo caso tendríamos que usar un lenguaje paradójico y decir que se trata de una filosofía sin preceptos y de una religión sin Dios, lo que puede ser chocante para nuestra manera de pensar, pero bastante cercano a la correcta interpretación del budismo, pues, en esencia, la postura del Buda es "antiintelectualista" y "antiteísta"; la verdad no se piensa, ni se le pide a Dios, la verdad se descubre dentro de uno mismo y el vehículo es el Dharma, lo que es, en sí misma, una verdad, o un conjunto de verdades que entre todas nos dan *una sola luz* que todo lo clarifica, que nos permite ver todas las cosas con una perspectiva distinta a la que teníamos antes y nos hace capaces de descubrir que estábamos en el error, o simplemente teníamos un panorama limitado; la imagen sería la de un hombre que se encuentra en un espeso bosque, por lo que tiene una visión limitada de lo que le rodea, pero al subir una montaña y observar el mundo desde arriba y entender *sin razonar* que el mundo es más amplio de lo que él creía, pues ahora lo está viendo y no puede dudar de lo que está viendo.

El Dharma es algo así, una perspectiva nueva, que nos abre un panorama distinto del que teníamos en nuestra condición normal, de modo que ya no podemos pensar y sentir como antes, desde la perspectiva del hombre determinado por las limitantes de su campo de percepciones.

Al estar en lo alto de la montaña, nos damos cuenta de que la causa de nuestras angustias era nuestra ignorancia, la creencia que teníamos de que el mundo era el bosque y solamente eso, por lo que todas las imágenes de nuestro pensamiento, las palabras con las que nombramos a las cosas, nuestros sentimientos, nuestras esperanzas, y todo aquello que conformaba nuestra persona era solamente un conjunto de representaciones relativas a ese pequeño mundo y relativas entre sí, y todo ese conjunto, que vivíamos como nuestro yo, nuestro ego, era finalmente un sueño.

Sería propio de una persona inteligente el argumentar que en lo alto de la montaña también se vive un sueño, pero ahora más rico en imágenes, como un sueño "más informado"; esto sería muy sensato. Pero lo que promete el budismo es algo en esencia diferente, pues se trata de un cambio cualitativo, como la diferencia que existe entre el sueño y la vigilia. El fin de la angustia es posible porque la angustia es correlativa al hecho de vivir soñando. El fin de la angustia es el despertar, y el estar despierto es el Nirvana.

Como se puede ver, en realidad estas tres "nobles verdades" son el desarrollo tripartita de una sola idea, que puede manejarse como una imagen unitaria y muy impactante, pues nos lleva por un camino de asociaciones psicológicas muy elementales pero extraordinariamente poderosas: vida-sueño, sueño-pesadilla, despertar-liberación. La promesa no podría ser más sencilla; pero el conjunto de ilusiones que se forma el yo es como un círculo vicioso que tiene que romperse para dejar atrás esa rutina que nos mantiene dormidos, lo que implica la decisión y realización de una serie de cambios en nuestro estilo de vida. El budismo distingue ocho campos de la vida en los que el adepto tiene que "ajustar" su conducta, esto es, actuar de una manera "justa", lo que no debe entenderse en el sentido de la justicia como el apego a una normatividad que limite nuestra conducta o la reprima, sino en el sentido de "adecuado" para crear las condiciones –también justas– que puedan propiciar el despertar; esto se conoce como *el óctuple sendero*:

Entendimiento justo:

Consiste en aprender a interpretar los hechos de la vida, la conducta de los demás y las propias vivencias en su dimensión de realidad, sin poner en funcionamiento emociones desproporcionadas en intensidad o proyecciones al pasado o al futuro que pudieran distorsionar nuestra percepción del aquí y el ahora. Se trata de adquirir un "sentido de proporción" y el evitar el atribuir a las personas y a las cosas significados o intenciones que provienen de nuestras propias elaboraciones mentales y no de la realidad.

Pensamiento justo:

Se trata de aprender a reconocer el efecto que las imágenes mentales tienen sobre nuestro *yo* y el que pudieran tener sobre los demás, evitando pensamientos incontrolados, cargados de violencia o destructivos en cualquier sentido.

Palabra justa:

Se trata de aprender a manejar el tacto y la lucidez con la palabra, tanto en nuestra expresión hacia los demás como en el discurso interno, buscando la armonía entre el hablar y el callar. Quien busca el Dharma debe aprender a llamar a las cosas con su justo nombre y a nombrarlas en el momento justo.

La *Acción justa* se compone de cinco preceptos:

1. Respeto absoluto a la vida. No matar sino por estricta necesidad.
2. No tomar nada que no nos haya sido entregado como un acto de libertad.
3. Evitar el ejercicio sexual irresponsable o lujurioso.
4. Evitar la simulación, la falsedad, el insulto o la malicia.
5. No consumir drogas ni alcohol.

Respecto del primer precepto, es de considerarse la profunda lesión karmática que se puede producir en todos nosotros el hecho de matar, aunque sea por una "necesidad estricta" de alimentarse o defenderse. El budismo tiende a la búsqueda de un comportamiento "justo", que huye de los excesos del vegetarianismo a ultranza o de las obsesiones malsanas que se confunden con la biofilia, cuando en realidad son manifestaciones de rigidez e intolerancia que se consideran más dañinas para el espíritu que el hecho de consumir carne, aunque debe encontrarse el "medio" aceptable, la actitud "justa" en este sentido, además de que el vegetarianismo resulta impracticable para los monjes budistas, pues ellos siguen la tradición de mendigar su alimento, y no es propio de su humilde condición el despreciar cualquier tipo de comida que les sea ofrendado.

Siendo un sistema esencialmente biofílico, el budismo carece de esa orientación antisexualista de las corrientes religiosas occidentales; el sexo, igual que la comida son manifestaciones de la vida que propician alegría y liberan tensiones inadecuadas para el sano crecimiento de la conciencia, por lo que es impropio del camino justo el abstenerse del sexo, siempre que sea practicado también dentro de la justeza de una vida sana y no en los excesos de la lujuria y las desviaciones a la naturaleza de la expresión sexual, lo que no debe interpretarse como una condena a la homosexualidad, sino como el reconocimiento del peligro que existe en todos los seres humanos de que el libido se desborde (se pervierta) hacia conductas que son ética o karmáticamente negativas, como es la sublimación del sexo en formas de dominación, agresión, poder, o la conversión de la libido en una falsa mística, que da lugar a fenómenos histéricos o episodios psicóticos que frecuentemente se confunden con la percepción del Dharma y la iluminación, cuando se trata solamente de la concentración y explosión de una energía libidinal a la que no se ha permitido canalizarse de una manera sana y "justa".

El óctuple sendero es la propuesta de un estilo de vida que corre por el camino "medio", lo que de ninguna manera debe interpretarse como una resignada medianía, sino como un estilo de vida basado en el sentido común. Curiosamente, para nosotros, estos cinco preceptos son precisamente el objeto de los "votos" que hace un postulante que se convierte al budismo, y repito que esto es algo extraño y curioso para nosotros, pues no implica renunciación alguna, sino al contrario, una "justa" administración de la vida, cuya finalidad es propiciar el disfrute equilibrado y balanceado del cuerpo, de la mente y de las relaciones sociales, pues lo que no quiere el budismo es que las personas sufran, sino precisamente lo contrario, que dejen de sufrir.

Sustento justo

El trabajo es una manifestación creativa de la vida, pero cuando se convierte en una esclavitud, o en una forma de dominación de los demás, es un estado karmático que detiene nuestro crecimiento. Las personas deben "ganarse la vida" de una manera justa, lo que significa que el trabajo debe redundar en una transformación positiva de la realidad, por un lado, y por otro lado el trabajo personal debe favorecer el beneficio de la comunidad, de manera que el trabajo de cada quien promueva la riqueza colectiva, lo que es un acto de solidaridad que eleva el espíritu a un grado superior de conciencia individual, a diferencia del egocentrismo que lleva a la búsqueda del beneficio personal, lo que retarda la evolución de la sociedad, y por tanto del individuo, siendo éste conformado por esa relación comunitaria.

Sería aventurado decir que el budismo propone una especie de socialismo, pues su doctrina está orientada a la elevación del individuo por encima del orden social o político, pero no podemos dejar de percibir un fuerte tono democrático que resulta de esta búsqueda espiritual y sobre todo un sentido de solidaridad que rebasa todo egoísmo, pues no hay salvación posible en soledad, siendo todos los seres un conjunto de interrelaciones, un "ecosistema", no solamente en un sentido biológico, sino también psicológico y social, pues lejos de buscar una total inmersión en el Yo, lo que pretende el budismo es precisamente lo contrario: el desprendimiento de ese mismo Yo en la vacuidad del avidyá, en el mundo de la relatividad, entendiendo la correlación con las cosas del mundo, y sobre todo con los seres humanos, como una parte constitutiva de un ser cualitativamente diferente al que se manifiesta como egocéntrico.

La experiencia de Siddhartha, bajo el árbol de la iluminación, lo convierte un ser completamente individualizado y consciente de sí mismo, por lo que su mente estaba totalmente despierta, pero su verdadera transformación cualitativa no ocurre sino hasta que su corazón alcanza también el completo despertar, que es la conciencia llamada *Karuma* (*caridad*, en el sentido original del término: *caritas*), lo que también se llama *Metta* (amoroso cuidado) , lo que indica un profundo sentimiento de *empatía* con todos los seres vivos, y en especial con los humanos; así que el estado búdico, y el camino para lograrlo contiene dos elementos inseparables: sabiduría y compasión. La observación ingenua y superficial que en occidente se ha hecho del budismo nos invita a pensar que se trata de un sistema místico en el que las personas se alejan del mundo para concentrarse en la intimidad del sí mismo, por lo que el practicante budista se percibe como individualista, desapegado de la realidad externa y concentrado en la obtención de "su" Nirvana; pero nada más alejado de la verdadera esencia del budismo, cuya visión de la vida es relativista y cuya búsqueda de la felicidad se entiende como un "estar" en el mundo; un auténtico budista estaría de acuerdo con las palabras de Kierkegaard: *las puertas de la felicidad se abren hacia afuera.*

Sin embargo, este camino de las ocho vertientes también propone la necesidad de alcanzar un alto grado de *individuación*, que indica la necesidad de asumir el mando y la dirección del sí mismo, lo que nos lleva a un estado parcial de vigilia que es un requisito para lograr el verdadero despertar.

Los cinco primeros temas de la senda óctuple atienden básicamente a la manera "correcta" de relacionarse con todo aquello que se encuentra en el exterior, y en especial con los seres humanos; los otros tres preceptos son de naturaleza interna, lo que debe interpretarse como un proceso de perfeccionamiento psicológico, en un sentido amplio:

El *Esfuerzo justo*, es uno de los propósitos de la óctuple senda que más se ha malinterpretado en Occidente, pues nosotros tenemos la idea de que el logro de un objetivo va en proporción con la magnitud del esfuerzo que se invierte en lograrlo, y también partimos de la creencia de que la mente debe ser disciplinada de muchas maneras para no perder el control del sí mismo, en busca de eficacia y salud mental. Pero en el Oriente existe una tendencia al "no hacer", al no esforzarse más de lo necesario para lograr un estado de satisfacción vital; esta actitud nos parece una especie de "quietismo" que creemos parte de una cultura poco "manifestativa", como se dice actualmente, queriendo indicar una conducta en la que se desplaza un esfuerzo considerable hacia la consecución del éxito en aquello que uno se propone. Sin embargo, el mismo término de "manifestatividad", bien entendido, nos lleva a comprender el sentido budista del "esfuerzo proporcionado", lo que implica ser "acertado" o "atinado" (manifestativo) en cuanto a la cantidad de energía que se necesita realmente para lograr algo, pues si se despliega más de lo necesario, generalmente el efecto es contraproducente, lo que es bien reconocido por las modernas corrientes de psicología humanista, quienes coinciden con el budismo en la propuesta de un modelo de actitud mental en el que no se produzcan "sobrecargas de intención", lo que da lugar estados neuróticos en las personas, pues aumentan la tensión y el conflicto interno, de manera que, paradójicamente, mientras las personas se esfuerzan más en lograr una salud mental, crece su patología, pues su energía se invierte "en el acto mismo de esforzarse", como se dice en el taoísmo, cuya doctrina esencial, el *wei wu wei* (hacer "no haciendo") es idéntica a ésta del "esfuerzo justo". En este sentido, el budismo propicia un compromiso relajado, flexible y lúdico con la vida, lo que conlleva el sentido del humor y la risa frecuente. Para el budismo, el tomarse a sí mismo demasiado en serio es un pecado, una desviación kármica, y una de las maneras de no avanzar por el camino de la superación espiritual.

Concentración justa.

La actitud mental de un budista ante la realidad se centra en el aquí y el ahora, lo que no lleva al inmediatismo angustioso de los existencialistas, o al hedonismo del disfrute momentáneo, pues en ambos casos se renuncia a la memoria y a la predicción, que son las dos grandes áreas que dan sentido al momento. No es conciencia justa el vivir en la añoranza del pasado, o en la esperanza del futuro,

pero tampoco en un presente desligado de ambos parámetros, pues el ahora no existe sino como la intersección del
ayer y el mañana. La postura del budismo nunca es radical
o maniquea, y sobre todo en lo que se refiere a la justa proporción de pasado y futuro que debe tener nuestra visión
del ahora; cuando se llega a esa justeza, la mente no prescinde de sus puntos de referencia en el pasado y el futuro,
pero ello no se convierte en una obsesión, por lo que puede
disfrutarse la cotidianidad, centrarse en el ahora y aprender de él. Además del efecto de conocimiento que se obtiene,
se experimenta otro efecto que bien pudiéramos considerar secundario en propósito, pero primario en significación
humana, pues lo que se logra también es un estado de vita-
lidad y alegría que desconoce quien lanza su atención al
pasado, que está lleno de lamentos, o al futuro, lleno de
objetivos que pudieran ser muy optimistas, pero que no se
están viviendo en la realidad, por lo que se desvaloriza el
momento, perdiéndose no solamente la posibilidad de
aprender de él, sino de disfrutarlo.

En el *Mahasatipatthana Sutra* (discurso acerca de la ple-
nitud de la mente), el Buda identifica las áreas en las que se
debe trabajar para obtener un estado de atención o vigilia
constante, comenzando por la concentración en el propio
cuerpo y los ejercicios que la pueden desarrollar, de manera que el practicante desvía con frecuencia su atención de
las cosas externas y la centra en su propio cuerpo, siendo el
método más usual el prestar atención a la propia respiración, sintiendo cómo entra el aire, cómo permanece unos
instantes en el interior y cómo sale. Debemos señalar que
este método en el budismo es muy distinto de lo que se
maneja en el yoga u otras disciplinas que utilizan la respiración para producir estados alterados de la mente, por
medio del manejo del oxígeno que entra o deja de entrar
en el cerebro. El budismo original niega la validez de estas prácticas para el logro de la conciencia despierta, pues
se trata precisamente de evitar los estados alterados de la

mente, para propiciar la recuperación de la conciencia natural, por esencia inalterada; si se usa la respiración como vehículo de atención hacia el cuerpo es porque ésta es la más evidente de las funciones corporales y está ocurriendo constantemente, pero lo mismo se usa la atención puesta en alguno de los sentidos, o cualquiera de las funciones fisiológicas, pues se trata de "sentirse vivo" y reconocer lo que está pasando –bueno o malo– en el cuerpo. Dice el propio Buda en el sutra citado:

> *Cuando un monje camina, sabe que está caminando; cuando está de pie, sabe que está de pie, cuando se acuesta, sabe que está acostado.*

El Buda habla de la *meditación justa* como el último de los ocho caminos, lo que no indica, necesariamente, que sea ésta una práctica que requiera un gran avance en los otros caminos, pero supone el tener ya una capacidad directiva de la propia mente, pues este tipo de experiencia psicológica va más allá de lo que se puede obtener en condiciones normales, por lo que se prescinde de las herramientas usuales del pensamiento, como son la memoria, la razón y la imaginación conceptual, pero sobre todo se busca reducir o eliminar ese "monólogo interno" que es el sustento del pensamiento normal, por lo que se convierte en un vacío, silencio y pacificación de la mente, lo que nos hace pensar que es un estado parecido al que describe Santa Teresa de Ávila en su "camino de oración", por lo que se pudiera concebir como un "estado contemplativo".

La meditación no es el Nirvana ni es el camino corto para llegar a él; la meditación es solamente un ejercicio que permite un saludable descanso y la apertura hacia un tipo de experiencia que es un paradigma de la trascendencia humana, pues rebasa todos los condicionamientos que configuran nuestra personalidad y nos eleva por encima del Yo.

En un sentido psicológico, la meditación es como una forma de sueño, de dormir y descansar la mente, pues el cuerpo descansa cuando duerme, pero no así la mente, que sigue elaborando sus propias fantasías, poniendo en escena todos los acuerdos y desacuerdos con los que se identifica el Yo, por lo que el ser humano normal no deja de estar elaborando y relaborando su propia identidad cuando se encuentra dormido, lo que no es en sí mismo dañino o enfermizo, pero sí es retardatario para el desarrollo de las facultades superiores que se ponen en juego cuando la persona se encuentra en el camino del verdadero despertar.

Igual que el cuerpo necesita del sueño fisiológico para restaurar su energía, también la mente requiere de una especie de "sueño psicológico", que es lo que se llama meditación o contemplación, que es una operación que permite restaurar la salud mental y recuperar, o crear, estados de armonía. Cuando una persona que tiene ya un cierto crecimiento espiritual no aprende a "dormir" de esta manera, tarde o temprano se presenta un estado de agotamiento psicológico crónico, y las consecuencias inevitables son desarreglos psicológicos como la depresión, la ansiedad, las fobias o síntomas neuróticos diversos.

En el budismo, la meditación se concibe como un ejercicio de inducción de la conciencia hacia un estado que implica un cierto "descondicionamiento" de la mente, acostumbrada a trabajar con los elementos conocidos y con las estrategias usuales, lo que nos mantiene en condiciones de una normalidad que entorpece la manifestación de cualidades que no tienen un valor de adaptación directo a la realidad, como es la intuición, el pensamiento creativo y la sensibilidad estética. Al entrar en este sueño "sin sueños", que es la meditación, se rebasan los límites del pensamiento adaptativo y los condicionamientos mentales, por lo que se tiene la sensación de ir más allá del *yo* y entrar en el terreno del *ser*.

La meditación también tiene ocho "caminos", cuatro de ellos "con forma" (*rupa jhanas*), y otros cuatro métodos "sin forma" (*arupa jhanas*). Puede considerarse que las experiencias de meditación que prescinden de toda "forma", son de naturaleza más avanzada, pues se llega a un grado de abstracción que es ya cercano al despertar, lo que no tiene un nivel de comprensión lógica, sino paradójica, puesto que el ser se concentra en el no-ser, y el sueño de la meditación se experimenta como una vigilia.

Al igual que en los otros siete caminos de ejercitación, se hace énfasis en que se debe encontrar la medida "justa" en la meditación, evitando caer en estados que ahora llamaríamos "paranormales", que pueden dar lugar a alteraciones físicas y psicológicas extraordinarias, pero indeseables para el practicante budista, pues si se presentan "poderes" extraordinarios (*siddhis*), o personajes sobrenaturales, el desarrollo del ser humano como tal se entorpece, pues se refuerza la prepotencia del Yo, o se renuncia a la búsqueda del Dharma, pues se encuentra explicación y refugio en esos seres extramundanos. En el budismo, los hechos milagrosos se tratan con un cierto desprecio no desprovisto de humor, como se puede apreciar en la siguiente anécdota:

Un día, en que el Buda iba caminando por la ribera de un río, lo abordó un yogui que le contó, lleno de orgullo, que tras veinte años de grandes esfuerzos y un penoso entrenamiento físico y mental, él había desarrollado la capacidad de caminar sobre el agua, lo que sin duda era un hecho milagroso. Primeramente, el Buda lo felicitó por su magnífico desempeño, y después le preguntó: "¿Por qué has dedicado veinte años de tu vida a desarrollar esa habilidad, si cualquier barquero puede ayudarte a cruzar el río?"

El centro de la doctrina del Buda es el Dharma, la creencia en que existe un verdad inicial que da sentido a la vida y que cada quien debe descubrir en su mente y su corazón, las nobles verdades y el óctuple sendero representan una manera justa de pensar, sentir y actuar, para que la vida personal se convierta en el receptáculo del Dharma y se pueda alcanzar el anhelo máximo de la conciencia humana, que es el completo despertar, con lo que se diluye la angustia y se entra en el terreno de la felicidad. Esta es la propuesta que elaboró el Buda después de su experiencia bajo el árbol del Bodhi y esta fue la esencia de su prédica en Benarés.

14

La expansión del Dharma

quellos samanas que se convirtieron en sus primeros discípulos habían recibido al Buda con cierta re-
ticencia, pues sabían que él había abandonado la práctica
ascética y en cierta forma los había traicionado, pero después de escucharlo encontraron una fuerte inspiración para
canalizar su espiritualidad y se "convirtieron" a lo que desde ese momento puede llamarse con propiedad "budismo",
fundando la primera fraternidad, o *Sangha*.

Un acontecimiento afortunado de ese periodo fue la
conversión de un joven libertino de clase noble llamado
Yaças, quien a su vez atrajo a muchos de sus compañeros
que eran, como él, jóvenes de conducta disipada e hijos de
familias nobles de la región, lo que fue, en términos sociales, altamente significativo, pues el hecho de que algunos
viejos samanas adoptaran un nuevo punto de vista no era
cosa de notarse, pero al observar la transformación de estos jóvenes, todo mundo sintió que había algo especial en
aquella doctrina, por lo que pronto la Sangha original tuvo
sesenta monjes, dedicados en cuerpo y alma a su propia
formación dentro de lo que llamaban el Dharma, pero ahora convertido en doctrina.

La preparación de esos primeros sesenta monjes fue con
la intención de formar misioneros que predicaran el Dhar-

ma a la manera de la "buena nueva", por lo que de esta fraternidad se fueron desprendiendo misioneros-predicadores hacia todos lados.

Poco tiempo después, en la ciudad de Gaya, se formó una comunidad extraordinariamente numerosa, pues contenía más de mil miembros, ante quienes predicaba el propio Buda; de este periodo datan sus primeros discursos ante un público nutrido, y los primeros *sutras* que los relatan.

Partiendo de la ciudad de Gaya, el Buda inició un peregrinaje que duraría toda la vida, aunque con algunos periodos de asentamiento, que resultarían muy significativos para la evolución del budismo. La primera de estas paradas fue en la ciudad de Rajagriha, que es la misma donde ocurrió la "Gran Renunciación" que hemos narrado antes; y también recordaremos que éste era el territorio del rey Bimbisara, quien le había pedido que lo aceptara como discípulo cuando alcanzara su liberación y encontrara la verdad, por lo que ahora Siddhartha, convertido en el Buda, propuso y obtuvo la conversión del rey Bimbisara; pero no como el cumplimiento de un compromiso, sino por efecto de una profunda conmoción que se produjo en el rey al escuchar las palabras de quien había sido un joven desconcertado y ahora era un ser perfecto, un Buda. El rey no se integró a ninguna Sangha, pero sí ofreció su hermoso jardín de bambúes, llamado *Venuvana*, como centro de reunión para los predicadores, quienes ahora tenían ya ciertas formas de organización más definidas y eran llamados *Bikshus*, lo que indicaba la categoría de monje adepto a una doctrina religiosa que posee una estructura, a diferencia de los *samanas*, *yoguis* o *sanyassines* quienes no tienen una base doctrinal ni un orden conventual.

Como podemos ver, en esos tiempos se comienza a perfilar el budismo propiamente dicho, todavía definido por las enseñanzas directas del Buda, pero ya configurándose como un proceso social relativamente independiente del pensamiento e intenciones del propio Buda.

Un evento muy importante para el desarrollo del budismo ocurrió también durante la estancia del Buda en Rahagriha, y fue la conversión de *Sariputra* y *Mandalyahana*, dos reconocidos sabios de la corte de Bimbisara, quienes más tarde diseñaron y escribieron en lengua pali la primera exposición filosófica del budismo, lo que daría lugar al *Abhidharma Pitaka* que es la base filosófica de la religión budista.

Durante ese periodo, conocido como del "Jardín de Bambú", se produjo también la conversión de uno de los más reconocidos brahmanes: *Maha Kaslapa*, quien no sólo renunció a sus antiguas creencias, sino a sus cuantiosos bienes y privilegios, para seguir el camino del Dharma. A este personaje se le considera uno de los patriarcas de la "iglesia" budista, pues en gran parte su labor fue estructural; siendo él, quien a la muerte del Buda, organizó el primer concilio budista en el propio jardín de bambú del rey Bimbisara, sentando las bases de lo que sería el cuerpo doctrinal y administrativo del budismo.

Finalmente, el Buda dejó la floreciente comunidad del bosque de bambú y prosiguió su peregrinaje por diversas regiones, dejando a su paso una gran cantidad de conversos, de entre los que se cuentan casos pintorescos, como el de la conversión de un bandido y asesino que era el terror del reino de Kosala, o la de un famoso acróbata, o incluso el de un personaje psicopático que tenía fama de hacer ritos satánicos y comer carne humana; estos pasajes en la trayectoria de la "evangelización" tiene un interés literario, pero lo que es realmente significativo es la conversión en masa de los humildes y oprimidos, pertenecientes a castas consideradas como inferiores en la rígida estructura social de la India de aquellos tiempos, lo que se entiende como un fenómeno social de gran importancia, pues representa una nueva disposición anímica, política y ética que tiene por fuente precisamente al budismo, y esta es una posición verdaderamente revolucionaria en su momento, pues la propuesta del Buda parte de la consideración de todos los seres humanos como iguales, desconociendo y repudiando el sistema de castas en sí mismo, pero también las diferencias por clase social, pues tanto ricos como pobres, hombres y mujeres, letrados e ignorantes, se identificaban por un anhelo común que se desprendía de la doctrina del Dharma, convertida ahora en un proceso democratizador y fraternal, como lo fue también el cristianismo primitivo, pues tanto el Buda como el Cristo proyectaron su pensamiento hacia las profundidades del espíritu humano, para reconocer y rescatar al hombre en su estado de pureza original, distinguiendo entre el ser en sí mismo y el conjunto de modalidades que adopta el ser en el mundo, donde se le asignan roles, niveles y fórmulas de conducta que normalmente nublan la conciencia del "sí mismo" que yace dormido bajo las múltiples capas del samsara.

En su peregrinar, el Buda regresó a su tierra natal y reclutó muchos adeptos entre los Shakya, incluyendo a su propio padre, Suddhoatha y a su hijo Rahula, quien entró en una fraternidad como monje practicante, lo mismo que Yosodhara, esposa del Buda, quien entró en una orden monástica femenina creada a instancias de Ananda, quien era primo del Buda y se convirtió en su inseparable compañero hasta su muerte.

Más que un compañero y fiel discípulo, Ananda fue el primero y más importante de los "evangelistas" del Buda, pues él anotaba sus palabras, tanto en los discursos públicos como en las conversaciones privadas, por lo que gran parte del contenido de los "sutras" es considerado como una crónica de primera mano, y se debe a Ananda.

Pero no faltaron los heréticos, rebeldes, e incluso traidores, como fue el caso de otro de sus primos, *Devadatta*, quien fundó una secta disidente a partir de los mismos principios, pero con reglas más estrictas e incorporando el principio de la obediencia, lo que sugiere que este personaje pretendía crear un sistema de poder, pues esto siempre se asocia con la obediencia. Se dice que Devadatta conspiró para matar al Buda y tomar su lugar como dirigente del movimiento, lo que es perfectamente creíble; lo que ya no lo es tanto es la manera como el Buda se libró del atentado, pues se dice que los sicarios enviados por Devadatta, al ver la majestuosa figura del Buda, cayeron postrados y arrepentidos, convirtiéndose en sus fieles discípulos.

El Buda enfrentó varias conspiraciones políticas y de todas salió bien librado, pero no tanto de las múltiples desviaciones "heréticas" que desde su tiempo hasta la fecha se han venido dando respecto de la doctrina original y que no proceden de la mala fe, sino de la necesidad de encontrar un modelo de conducta que no requiera más compromiso que la entrega a una normatividad preestablecida, a un orden sobrenatural, o a los dioses, lo que es un regreso al samsara y la negación de la esencia libertaria del Dharma, pero que satisface la necesidad de seguridad y protección que es intrínseca en el ser humano. Poco tienen que ver con el budismo original las manipulaciones mágicas del tantrismo, los excesos biofílicos del jainismo, los molinillos de oraciones, la repetición de "mantras" o exorcismos; o los rezos dedicados al Buda para pedir su milagrosa intervención en los asuntos de la vida, pues el budismo es un humanismo trascendentalista y no una religión teísta. Sin embargo, la propia ética del budismo incorpora el valor de la comprensión de los motivos ajenos y sobre todo la tolerancia hacia quienes piensan distinto, pues es parte también de su doctrina el que la evolución y el despertar de la conciencia es un proceso que pasa por subsecuentes etapas, como lo confirma la vida del propio Buda.

Así que el budismo se maneja dentro de una sensibilidad que favorece la tolerancia y la adaptabilidad de los principios a las necesidades del practicante en sus varias etapas de evolución espiritual. Lo que se refleja en la gran flexibilidad de los métodos de exposición del Buda y de sus predicadores, que va desde la discursiva filosófica más elaborada, hasta la simple imagen metafórica, pues es frecuente el uso de la fábula y la parábola, a la manera del discurso cristiano.

15

El último tramo de un largo viaje

A diferencia del Cristo, el Buda tuvo la fortuna de observar en vida la consolidación de su doctrina y los frutos de su trabajo en el mundo. Pero también hay grandes diferencias en cuanto a su manera de vivir, que también es de naturaleza heroica, pero sin la amargura y patetismo de la vida de Jesús y sobre todo de su muerte.

En sus últimos tiempos, la vida del Buda transcurría en una fértil tranquilidad, dedicado a la enseñanza y predicación del Dharma, pero más al estilo del abuelo sabio que al del visionario carismático que había sido en su juventud, de su vejez datan la mayoría de las fábulas, parábolas y discursos alegóricos que se manejan en el budismo, concentrando a veces en una sola frase lo que antes presentaba con argumentos filosóficos, aunque aparentemente el estilo del Buda nunca fue propiamente discursivo frente a sus discípulos, pero sí en la privacidad de las conversaciones registradas por sus cronistas. También en esta época se incrementó un estilo narrativo muy especial del Buda, pues él narraba en primera persona episodios de vidas que no eran las suyas, lo que bien pudiera haber sido solamente un recurso narrativo, pero que ha sido interpretado como que el Buda era consciente de sus vidas pasadas, y ya en su vejez hablaba de su existencia como un proceso completo, es decir que integraba todas sus vidas en una sola experiencia. Estas historias son conocidas como *Játakas*, lo que significa "historias de nacimientos".

Dentro de los muchos paralelismos que encontramos entre la vida del Cristo y la de Buda es el hecho de que los personajes que se citan en las escrituras como los discípulos y predicadores más apreciados por él son precisamente doce, lo que es reiterado por el mismo Buda en una conversación que revela la intuición de su cercana muerte, cuando dijo a uno de esos predilectos, llamado *Subhadra*:

> *Mi religión se encuentra a buen resguardo con estos doce grandes discípulos, ellos la salvarán del olvido y la indiferencia, esparciendo sus beneficios por todo el mundo.*

En su último peregrinaje, el Buda tocó la ciudad nepalí de *Kusinagara*, donde enfermó gravemente de disentería, a la edad de ochenta años, (477 a.C.), lo que ya era una edad muy avanzada en su tiempo; se dice que sus últimas palabras fueron ante un grupo de jóvenes discípulos:

Existen muchas similitudes entre la vida del Cristo y Buda, tales como el número de apóstoles y el número de predicadores más apreciados por Buda.

Principio y fin es inherente a la vida; sólo el Dharma es eterno. La principal tarea que ustedes deben asumir en la vida es buscar su salvación en el Dharma.

El cuerpo del Buda fue recogido, reverenciado y cremado por la orden de monjas (*Mallas*) de Kusinagara, y sus cenizas expuestas con el protocolo de honor destinado a los altos dignatarios, bajo un palio sostenido por lanzas, asperjando perfumes y ejecutando música y danzas durante tres días, como era costumbre en aquellas tierras. De ahí se hicieron relicarios que contenían pequeñas porciones de las cenizas del maestro y se enviaron a todos los reinos del país, donde se colocaron bajo montículos reverenciales (*stupas*) que en su cultura se usaban para honrar a los muertos desde tiempos ancestrales, pero que desde entonces se asocian al budismo, siendo en los primeros tiempos la única representación física del Buda, pues la escultura o pintura de temas religiosos no se desarrolla en la India sino hasta la dominación helénica, por lo que, curiosamente, las representaciones del Buda parten del arte griego y no del indio.

Hasta aquí llega el relato de la vida de Siddhartha Gautama, tomado de fuentes originales y modernas; pero hay que decir que en muchos pasajes, y sobre todo en la escenografía literaria de las anécdotas, la realidad se mezcla con la leyenda y la fantasía, sobre todo si consideramos que el budismo se difunde principalmente por tradición oral. Por supuesto que el significado trascendente de los pasajes de la vida "ordinaria" del Buda es una elaboración filosófica y poética que se ha hecho a lo largo de muchos siglos y queda imbricada con la doctrina del Dharma de una manera indisoluble, pues en este sistema de pensamiento la religión y la vida son la misma cosa.

Sin embargo, la existencia y la trayectoria vital del Buda es un hecho histórico incuestionable por lo bien documentado; pero más que eso, es una vida extremadamente "realista" en términos humanos, lo que resulta poderosamente estimulante para cualquier persona sensible, pues al mirar a Siddhartha detrás de los mitos y las interpretaciones filosóficas, tenemos la grata sensación de mirarnos en un espejo, pues él fue un ser tan común como cualquier persona en cualquier parte del mundo y en todo tiempo.

En el año 477 a.C., Buda enfermó de disentería a los ochenta años, murió en la ciudad de Nepalí, finalizando así la vida de Siddharta y dando inició a la leyenda de Buda.

16

Un camino para todos

El primer concilio budista, al que ya hemos aludido en este libro, se celebró al poco tiempo de la muerte del maestro y probablemente en condiciones de angustioso desconcierto, pues un fenómeno religioso no escapa al peligro de disolución que se produce en cualquier organización humana que de pronto queda acéfala, o prácticamente en la orfandad, si consideramos la extraordinaria personalidad del Buda.

Así que la muerte del patriarca fue también el inicio de una serie de acuerdos y desacuerdos que dieron lugar a múltiples desviaciones sectarias, lo que sin duda se agravó por el hecho de que no se designara un sucesor del Buda en ese congreso, lo que probablemente hubiera limado asperezas y unificado actitudes; pero tal vez por una excesiva veneración hacia el patriarca desaparecido, o porque no se lograron poner de acuerdo en aquella reunión, no se estableció un poder definido, y en vez de eso se recurrió a la determinación de "la ley", es decir de la doctrina establecida, del Dharma, como el único referente de autoridad, apelando a la validez intrínseca de la doctrina, con independencia de las ordenes monásticas y de los líderes de las mismas, quienes pudieran haberse constituido en una elite de poder. Esta decisión tuvo algunas consecuencias negativas, como fue el hecho de la creación de múltiples corrientes que fueron desarrollando sus propios esquemas doctrinales, lo que ha dado lugar a lo que para nosotros parece un verdadero galimatías de creencias, tan diferentes unas de otras que incluso parece tratarse de religiones distintas, por lo que en Occidente resulta difícil identificar y describir el budismo. Sin embargo, aquella decisión, que sigue vigente, de no tener una estructura de poder, fue una verdadera bendición para el budismo, y sobre todo para sus seguidores, pues lo convierte en un sistema abierto, flexible y liberal, determinado solamente por los principios que se han descrito en el presente texto, y con una directriz filosófica y moral que es básicamente "evangélica", pues parte de la evocación del camino seguido por el propio Buda para llegar a un completo despertar, lo que se convierte en un paradigma humanístico, asequible para cualquier persona en cualquier tiempo y lugar, como un camino de alivio y desarrollo para cualquiera que perciba su fragilidad como individuo y sufra de ese "vacío existencial" que es propio de la conciencia evolucionada.

La mayoría de las corrientes del budismo actual mantienen el principio del Dharma como única fuente de unificación y como centro de una doctrina que básicamente se transmite de persona a persona, lo que también es una de las directrices que se definieron en el concilio del jardín de bambúes, a la muerte del Buda; pues desde ese momento, y por más de cuatrocientos años prácticamente no se escribió nada nuevo, sino que solamente se reprodujeron los textos originales y se difundieron los principios que en ellos se contienen por tradición oral, tanto para el ejercicio religioso de los laicos, como en los rituales monásticos, donde la tradición oral se fue convirtiendo en una complicada liturgia que al observador occidental le parece una especie de "salmodia" o cantos chamánicos, interpretando como rezo u oración lo que en realidad es la narración de episodios de la vida del Buda o de pasajes de las escrituras sagradas.

Si el momento crítico que representó el primer congreso budista se hubiera resuelto por la vía política, si se hubiera seguido la tendencia lógica y natural de crear una "iglesia", es probable que el budismo se hubiese convertido en un proceso histórico "mundano", inserto en la mecánica del poder y la riqueza, como sucedió con el cristianismo y el Islam, en los que bien se puede distinguir entre lo político, histórico o "secular", y lo propiamente religioso. Pero al no tener iglesia, el budismo conservó su carácter humanista y su espíritu de tolerancia, de manera que nunca se ha difundido de una manera agresiva y excluyente, jamás se provocaron guerras para combatir a los "no creyentes" o se reprimió a quienes profesaban otras religiones; por el contrario, el budismo se definió para siempre como un sistema tan abierto que incluso una persona puede profesar otra religión formalmente y seguir el camino del Dharma, lo que es perfectamente aceptable y cada vez más frecuente en todo el mundo.

Templo Budista en la Gaya, los budistas son personas pacíficas y nunca han perseguido a nadie por sus creencias religiosas.

17

Las facetas del Dharma

n otro de los grandes concilios budistas, celebrado en la ciudad de *Pataliputra*, en el año 340 a. C. se produjo una escisión formal, aunque sin alterar sustancialmente la esencia del Dharma; sin embargo, se gestó una importante diferencia que más que doctrinaria era política, pues entonces se identificaron dos posiciones antagónicas; una de ellas representaba a los monjes inferiores en la jerarquía, solidarizados con las necesidades de los laicos, también de clase baja, que obviamente era la mayoría de los practicantes budistas, por lo que sus dirigentes se hacían llamar *Mahasanghikas*, que significa "guías de la mayoría", opuestos a los que defendían la posición elitista de los intelectuales tradicionalistas, llamados *Sthaviras*, o "representantes de la sabiduría antigua". Estas diferencias bien podrían interpretarse como la eterna lucha entre los de arriba contra los de abajo, en un sistema jerárquico, y evidentemente tiene un fuerte tono político, pero en este caso fue una lucha al interior de la organización religiosa y no existió una relación directa entre los poderes religiosos y laicos, pues poco ha servido el budismo para reforzar gobiernos en los países donde ha florecido con amplitud, dado que su promesa de salvación depende exclusivamente de una actitud personal que no es sancionada por la jerarquía religiosa o los gobiernos civiles, de manera que no se

Moneda de Oro encontrada en la ciudad de Palitiputra (Patana). Esta moneda tiene grabada la efigie del Dios Shiva.

puede manipular la conducta de la gente por medio de la culpa y el perdón, o condenación, administrada por las elites de poder, como desgraciadamente sucedió en Occidente con el cristianismo y el islamismo.

De cualquier manera sí se presentó una contradicción entre una tradición doctrinal de tipo filosófico, ciertamente menos tolerante en sus principios, y la postura de las clases iletradas, tendientes a una interpretación más relajada, e incluso mitológica de la doctrina, lo que dio lugar a un conjunto amplio de sectas liberales, cuyo único denominador común era el ser alcanzables al pueblo bajo, lo que las unió en un concepto generalizador que llamaron *Mahayana*, traducido generalmente como "gran vehículo", lo que significa solamente que es una ideología muy amplia, aceptada por las mayorías, a diferencia del *Hinayana*, o "pequeño vehículo", que es de índole ortodoxa, por lo que no es accesible a las mayorías, pues requiere cierta ilustración, mayor compromiso ético y una disciplina más estricta.

Puede considerarse que esta división fue el inicio de un desarrollo especial del budismo, en el que pareciera que se vuelve un sistema extremadamente complejo y difícil de entender para los occidentales. Sin embargo, esa com-

110

plejidad es solamente una apariencia que procede del escaso conocimiento que todavía se tiene del budismo en esta parte del mundo y de la dificultad que ha tenido nuestra cultura para aceptar que un fenómeno cualquiera puede tener múltiples facetas sin por ello perder su unidad.

La "reforma" mahayánica es un hecho afortunado para el budismo, en primer lugar porque le permitió afirmar su independencia respecto del poder político, y en segundo lugar porque le dio ese carisma de humanismo, que hemos enfatizado al grado de la monserga en este libro, y que tiene virtudes extraordinarias, como es la tolerancia, lo que está relacionado con otra característica que es muy extraña en cualquier ideología, y es que cada quien puede tomar el Dharma y hacerlo suyo de la manera como quiera y pueda, aceptando una de las facetas de la doctrina solamente, o más de una, o todas las facetas al mismo tiempo, sin que nada de ello lastime la esencia de la doctrina budista, lo que se vuelve todavía más extraño para nosotros si observamos las grandes diferencias entre algunas de las corrientes budistas; sin embargo, estas diferencias en ningún caso son "radicales", pues la raíz se encuentra intacta, ni tampoco "antagónicas" pues en el budismo las diferencias se observan solamente como maneras distintas de "estar" en el Dharma, todas ellas valederas y ninguna de ellas absolutamente verdadera, pues, como recordaremos, en el budismo nada es absoluto, sino que todo es relativo, la ideología no es la excepción, de modo que los elementos ideológicos se conciben como relativos a las necesidades individuales de los practicantes, y esas necesidades son también relativas al estadio en que se encuentre en el camino de su evolución espiritual, de manera que no es despreciable que alguien encienda una pajilla de incienso, haga tañer una campanilla y recite un mismo *mantram* durante horas, pero tampoco es despreciable que una persona *no haga ninguna de esas cosas* pues tal vez no las necesite para su propio desarrollo. Para algunas personas la *fe* se puede manifestar en *creencias* que a otros pudieran parecer irracionales, como mitos, leyendas o manifestaciones del pensamiento mágico, que otros no necesitan, pues basan su fe en *ideas* que pueden ser sometidas al discurso lógico, o en *intuiciones*, que provocan una convicción diferente de la que procede de la razón, pero que es algo perfectamente válido y respetable. Esta tolerancia del budismo puede parecernos admirable y digna de ser imitada; de hecho, lo que llamamos "tolerancia" en Occidente ha aumentado enormemente en los últimos siglos, pero hay que considerar que en esta parte del mundo es un fenómeno nuevo, pues en nuestra cultura prácticamente no existía la tolerancia como un modelo de relación humana, y mucho menos como un valor moral, tal como se asume ahora, en el sentido de no agredir al que es diferente o piensa distinto, lo que en realidad es muy diferente del concepto budista de tolerancia, que procede de uno de los principios fundamentales del Dharma, que es la idea descrita anteriormente de *avidyá*, (que equivale a vacío-relatividad) y es aplicable a todo lo que existe, como en la física "relativista" occidental, pero en el caso del budismo este concepto se extiende a todo lo humano, incluyendo las relaciones interpersonales; pero también los pensamientos e incluso los sentimientos. Entonces uno entiende todo lo que existe –y la propia conciencia– como esencialmente "vacío" de contenido, como "insignificante" (vacío de significado) en sí mismo, y solamente significativo como efecto de otros elementos con los que entra en relación. Si uno realmente logra integrar el modelo relativista a su propia lógica, entonces ya no tiene sentido proponerse el ser "tolerante" y manejar eso como un valor ético, por la razón de que *no es posible* ser intolerante, de lo que se desprende algo que para nosotros es asombroso: un budista *no puede ser intolerante consigo mismo*, lo que tiene consecuencias extraordinarias para el desarrollo de la conciencia y la salud mental. Tal vez esto pudiera malinterpretarse como una excesiva "permisividad" en la conducta del budista, que lo llevaría a una especie de libertinaje perverso, pero habría que recordar las "nobles verdades" y sobre todo el "óctuple sendero", que nos permite identificar un concepto de "justeza", que no es lo que nosotros llamamos el "justo medio", y mucho menos una disciplina que se impone a la conducta y al pensamiento, sino la propuesta de una manera de vivir en condiciones de una relajada naturalidad que es en sí misma gozosa, por lo que no es necesario aplicarse ninguna disciplina. Nosotros, en Occidente, decimos que el budismo es una religión tolerante, pero esa es una apreciación en la que se ponen en juego nuestros valores y se nombran las cosas con nuestras propias palabras. Lo mismo sucede en otros aspectos del budismo, por lo que una interpretación que pretenda ser comprensiva, debe partir del análisis semántico, de una exploración creativa en las raíces de los conceptos, pues solamente si descubrimos las ideas originales que se asocian a las palabras podemos encontrar el auténtico significado de la doctrina budista, en especial cuando se nos presenta delante esta peculiar división de puntos de vista, entre el "pequeño" y "gran vehículo", o las múltiples interpretaciones de una misma idea.

El Mahayana es una revolución en el interior del budismo, pero es una revolución al estilo oriental, por lo que a nosotros nos suena raro y paradójico, pues observamos que se trata de una "dócil rebeldía", de una "lucha unificadora", de un cambio que se parece más al regreso a lo anterior que a un "progreso"; pero con apego a la sensibilidad budista, esta clase de paradojas son también una ilusión, una lucha aparente, como la de dos fuerzas que chocan y producen un gran estruendo, pero que en realidad están siguiendo una dialéctica progresista, pues del choque y la contradicción nace una nueva fuerza, que unifica a los contrarios y crea un fenómeno que es nuevo, pero no distinto.

Una vez más, la personalidad y la doctrina del Buda se impusieron sobre aquellas tendencias que llevaban el Dharma hacia la rigidez de una organización doctrinaria que fácilmente se hubiera convertido en una "ideología", asociada a la política, más que en una *religión viva*, cual era la propuesta del Buda y de sus primeros seguidores.

Así que esta disgregación fue solamente la manifestación de una "regresión dialéctica", esto es, una vuelta a los orígenes que permite el reacomodo de las fuerzas que se habían desarrollado en el seno de la doctrina, y que dan lugar a una nueva unidad que genera un dinamismo extraordinario, con lo que se evitó la petrificación del Dharma, tanto por su excesiva intelectualización, como por el grave peligro que representaba su encerramiento entre las paredes de los monasterios. Al llevar el budismo a la calle, se restablece el principio de igualdad entre monjes y laicos, pues la vía monástica es solamente una de las facetas del Dharma, pero no es un estado que pueda considerarse de índole superior o una vía más corta para alcanzar la iluminación y el Nirvana, pues la semilla del Dharma está presente en todas las personas y puede germinar en diversos campos, siendo uno de ellos el de la vida monástica o religiosa, que puede ser la opción justa para una persona con inclinaciones místicas, pero para otros puede ser un terreno infértil, por lo que sería preferible permanecer en el mundo y trabajar en sí mismo para descubrir el "camino vocacional" que le es propio, para que la vida personal transcurra de una manera armónica y no existan tensiones inadecuadas y falsas expectativas, cual es el sentido señalado por el Buda en las Cuatro Nobles Verdades, que se conciben como los elementos con que se abona el terreno donde pueda germinar la semilla de la liberación.

El Mahayana no plantea ya la cuestión de jerarquías o categorías de las personas, como deducibles de la organización doctrinaria o "iglesia" budista, sino en función del grado de evolución espiritual que cada quien pudiera tener en el terreno de su actividad vital, siempre y cuando en dicha actividad se reconozcan y observen los principios básicos del Dharma, centrados en el anhelo de la iluminación y la consecución del Nirvana, con cierta independencia de los métodos religiosos que pudieran emplearse, aunque teniendo como denominador común una actitud mental que sugiere la existencia de un crecimiento espiritual en las personas y al mismo tiempo lo propicia, lo que solamente se logra por medio de la meditación o experiencia contemplativa.

Más que en la filosofía o la doctrina, lo que unifica a todas las corrientes del budismo es esa otra área de la experiencia humana que llaman "meditación", y que es mucho más que un ejercicio psicofísico que pudiera producir "estados alterados" tanto en la mente como en el cuerpo, esa es solamente una de otras puertas que abren zonas de la conciencia claramente distintas del ejercicio de la mente, por lo menos de la mente en condiciones normales. Pero hay otras puertas que conducen a esa manera de percibir la realidad por medio de una forma de pensamiento contemplativo, místico o trascendente, que no es tipificable por la filosofía o la psicología nuestras sino como lo que Freud llamaba "experiencia numinosa", recordando el concepto de *numen* latino, que denota esos espacios "sagrados" que se presentan espontáneamente en la mente humana en ciertas condiciones, como la inspiración artística, el entusiasmo creador, el rapto místico, o solamente como "sensaciones de trascendencia" que de pronto se experimentan sin que aparentemente sean motivadas por un estímulo especial.

La numinosidad es todavía algo huidizo para la cultura occidental, a pesar de que ya encuentra ciertas vías de expresión en eso que llaman *New Age*. Pero en el budismo, nacido y crecido en pleno territorio del pensamiento numínico, la existencia de esas puertas no es algo misterioso o particularmente inquietante, pero sí es algo digno de una atención muy particularizada, pues la apertura de esas puertas es imprescindible para quien desea caminar por el sendero del Dharma.

Puede considerarse que la meditación es la esencia de la vida budista, por lo menos desde el punto de vista del practicante, pues si lo sagrado no está presente en su vida cotidiana no existe posibilidad alguna de estar en el Dharma, ni avanzar por la espiral de la evolución para alcanzar la promesa del Nirvana.

Cuando observamos el arte, y en general la iconografía budista, lo que vemos principalmente son personajes en actitud de meditación, identificada con la "posición del loto", lo que simboliza una condición del ser semejante a la de esta flor, que parece no tener arraigo en la materia y flota con una sutil libertad sobre las aguas, igual que la mente, en estado de contemplación, queda "desraizada" de la densidad material y parece flotar por aguas más profundas, moviéndose hacia una serenidad que en condiciones normales no podría experimentarse, lo que produce un profundo descanso de la mente y el desarrollo de la intuición, que es una facultad que nos permite percibir los rasgos de trascendencia que se presentan en el devenir cotidiano y que escapan a las funciones psíquicas "normales".

La meditación, por supuesto, no es privativa del budismo, se observa en todas las religiones y sistemas "trascendentalistas", tengan o no el concepto de Dios o una doctrina definida; la oración cristiana, la danza *sufi*, los cantos chamánicos y muchas otras prácticas "numínicas" son, de hecho, estrategias de meditación y pretenden una apertura de la conciencia hacia formas de experiencia que no son asequibles para las personas en el ejercicio de las facultades mentales centradas en el "yo" y condicionadas por las necesidades prácticas de la vida. Sin embargo, en otras religiones, y particularmente en el cristianismo que nos atañe, los estados contemplativos "puros" no son aceptables como práctica religiosa, pues no se trata de liberar el pensamiento, como en el budismo, sino de concentrar el pensamiento en imágenes "sagradas": en Dios, santos o ángeles, con objeto de pedirles algo o manifestarles sumisión. Estas operaciones psicológicas no son formas de meditación en sí mismas, pero sí pueden propiciar momentos numinosos cuando se practican, pues en la repetición automatizada de rezos o cantos puede experimentarse la disolución del pensamiento discursivo, estados de contemplación pura, y el despertar de la intuición; pero siempre como un "efecto secundario" de la operación misma y no como algo que se pretenda de primera intención.

La corriente Mahayana, como ya hemos dicho, "democratiza" la práctica religiosa budista, pero conserva lo esencial de la doctrina y centra su atención en la meditación, como un camino personal e íntimo para "estar" en el Dharma y acceder al despertar y al Nirvana. En el fenómeno de la meditación encontramos una cierta individuación de la religión budista, de manera que la experiencia personal es única e intransferible, lo que es perfectamente aceptable, pero la práctica personal se desarrolla dentro de una cultura general o subculturas regionales que también imprimen su sello en la interpretación de la doctrina, y sobre todo en la manera de vivir la experiencia numinosa, o sea, en la manera de meditar.

Una cultura específica orienta y matiza su religiosidad de acuerdo a su idiosincracia, que es relativa a los demás elementos que conforman esa cultura. En esta dinámica nacen muchas corrientes y se crean distintas tradiciones que responden a su propia cultura, como es el caso del budismo tántrico, que es propio de las tierras altas, del Tíbet y el Nepal, cuya orientación no podría ser otra que la magia y el ritual; a diferencia de la cultura china, cuya sensibilidad filosófica y pragmática da lugar a la llamada escuela *Ch'an*, con fuerte influencia del taoísmo, lo que más tarde pasa al Japón, fundiéndose con el *Shinto* y convirtiéndose en lo que ahora conocemos como *Zen*.

¿Qué es el budismo para nosotros?... ¿Cómo podríamos interpretar como pertenecientes a una misma religión prácticas tan diferentes?... En realidad, no podríamos entender el budismo si pretendemos meterlo en los casilleros de nuestra mentalidad occidental. Para comprender el budismo con cierta claridad no hay que pensarlo demasiado, sino verlo en nuestra imaginación como un solo diamante, pero con tantas facetas que cada persona puede encontrar la que se ajuste mejor al reflejo de su propia luz.

Rostro de Buda.

Títulos de esta colección

Adolfo Hitler
Agustín de Iturbide
Alejandro Graham Bell
Alejandro Magno
Antonio López de Santa Anna
Beethoven
Benito Mussolini
Buda
César Borgia
Charles Chaplin
Conde Cagliostro
Confucio
Cristóbal Colón
Dante Alighieri
Diana de Gales
Emiliano Zapata
Ernest Hemingway
Ernesto Che Guevara
Federico Nietzsche
Gandhi
Hernán Cortés
Jesús
John F. Kennedy
Joseph Fouché
Juan Diego
Juan XXIII
Juana la Loca
Julio César
Karl H. Marx
Leonardo Da Vinci
Lucrecia Borgia
Mahoma
Marco Polo
María Antonieta
María Tudor
Marilyn Monroe
Miguel Ángel
Mozart
Napoleón
Pancho Villa
Pitágoras
Porfirio Díaz
Rasputín
San Francisco de Asís
Sigmund Freud
Sor Juana Inés de la Cruz
William Shakespeare

NOTAS

NOTAS

NOTAS

NOTAS

NOTAS

NOTAS

NOTAS

NOTAS

Esta obra se terminó de imprimir en
Litográfica Ingramex, S.A. de C.V.
Centeno 162-1
Col. Granjas Esmeralda
México, D.F.